복 있는 사람
오직 여호와의 율법을 즐거워하여 그 율법을 주야로 묵상하는 자로다.
저는 시냇가에 심은 나무가 시절을 좇아 과실을 맺으며 그 잎사귀가
마르지 아니함 같으니 그 행사가 다 형통하리로다. (시편 1:2-3)

당신은 무엇을 믿는가

Douglas J. Brouwer

Remembering the Faith: What Christians Believe

당신은 무엇을 믿는가

더글라스 J. 브라우어 지음
이종태 옮김

복 있는 사람

당신은 무엇을 믿는가

2001년 4월 9일 초판 1쇄 발행
2011년 5월 25일 초판 6쇄 발행
지은이 더글라스 J. 브라우어
옮긴이 이종태
펴낸이 박종현
도서출판 복 있는 사람
서울특별시 종로구 안국동 163 걸스카웃빌딩 801호
Tel 723-7183 | Fax 723-7184
blesspjh@hanmail.net
영업 723-7734
등록 1998년 1월 19일 제1-2280호

ISBN 89-951014-3-1

Remembering the Faith: What Christians Believe
by Douglas J. Brouwer

Copyright ⓒ 1999 by Wm. B. Eerdmans Publishing Co.
Originally published in English under the title
Remembering the Faith: What Christians Believe
by Wm. B. Eerdmans Publishing Company,
Grand Rapids, Michigan, U. S. A.
All rights reserved.

Translated and used by the permission of Wm. B. Eerdmans Publishing Co.,
through the arrangement of KCBS Inc., Seoul, Korea.
Korean Copyright ⓒ 2001 by The Blessed People Publishing Co., Seoul, Korea.

본 저작물의 한국어판 저작권은 KCBS Literary Agency를 통해 Wm. B. Eerdmans Publishing Co.와 독점 계약한 도서출판 복 있는 사람이 소유합니다. 저작권법에 의하여 한국내에서 보호를 받는저작물이므로 무단전재와 무단복제를 금합니다.

휘튼에 있는 우리 교회 교인들에게

목 차

감사의 글 · 9

하나님을 향한 갈증
13

어디서 하나님을 발견할까 일반계시
31

성경은 무엇인가 특별계시
45

하나님은 어떤 분이신가 삼위일체의 첫번째 분
59

하나님은 어떤 일을 하시는가 1부 창조
73

하나님은 어떤 일을 하시는가 2부 섭리
85

예수님은 어떤 분이신가 삼위일체의 두번째 분
99

예수님은 어떤 일을 하시는가 속죄
113

성령은 어떤 분이신가 　삼위일체의 세번째 분
127

성령은 어떤 일을 하시는가 　교회
139

그리스도를 닮아가기 　성화
153

은혜를 보여주는 시각 교육 　성례
167

세 분, 한 하나님 　삼위일체
183

마지막에 있을 일들 　종말론
197

육신이 된 말씀 　성육신
211

참고 문헌 · 223

감사의 글

30년 전쯤 누군가가 내게, "언젠가는 당신이 강단에서 기독교의 기본 교리를 16주에 걸쳐 연속 설교를 하게 될 것"이라고 말했다면 나는 그저 웃고 말았을 것이다. 그때 나는 목회 사역에 관심도 없었거니와, 어렸을 때 교리 설교를 너무 많이 들어왔던 터라 내가 그런 설교를 한다는 것은 고사하고 그런 설교를 듣는 것에도 별로 관심이 없었다.

그런데 내 인생에 무언가 변화가 있긴 있었던 모양이다. 기쁜 마음으로 고백하건대 지금 나는 목회자가 되었고 나이가 들어갈수록 교리 설교를 점점 더 많이 하고 있으니 말이다. 돌이켜보면 내가 이 일을 좀더 일찍 시작했더라면 더 좋았을 것이라는 생각도 하게 된다. 나는 내게 신앙의 준비를 갖추게 해준 부모님과 내 어린 시절의 교회에 감사하고 있다. 비록 그때는 몰랐지만, 어린 시절 배웠던 신앙은 성인이 된 내게 큰 도움이 되어주었다. 때로는 지금도 내가 하이델베르크 요리문답을 상당 부분 암기할 수 있다는 사실에 스스로 놀라기도 한다.

뿐만 아니라 나는 지금껏 섬겼던 여러 교회들에도 감사한다—아이오와, 펜실베이니아, 뉴저지, 그리고 지금 일리노이즈에 있는 교회들에 대해. 각기 다른 방식으로 그 교회들은 내게 목사로서의 소명—특별히 설교자로서의 소명—을 확증시켜주었다. 목회 초창기, 스스로가 목사처럼 느껴지지 않았던 그 시절에도, 그들은 계속해서 나를 목사로 생각해주었고 놀랍게도 느리긴 했지만 결국 나는 그렇게 되었다. 이제 보니, 그들이 나를 목사로 만든 것이다.

특별히 휘튼에 있는 우리 교회 교인들에게 감사한다. 그들은 기독교 교리에 대한 나의 16주 연속 설교에, 또 같은 주제의 성인 성경공부반 강의에 너무도 큰 관심과 인정과 열의를 보여주었고, 그래서 결국 나는 교리 문제를 다루는 책을 한 권 써야겠다는 생각을 하게 되었다. 내가 이 책을 쓰게 된 것은 그 무엇보다도 휘튼에 있는 우리 교회 교인들의 관심과 격려 덕분이다.

본래 나는 목사가 되기보다 작가가 되기를 훨씬 더 원했었지만, 하나님은 내게 다른 계획이 있으셨다. 그러나 작가가 되려는 나의 소망은 결코 나를 떠난 적이 없었다. 내가 이미 작가가 된 것인지, 또 어떻게 그것을 확인할 수 있을지는 잘 모르겠으나, 아무튼 지금도 나는 작가가 되려고 노력하는 중이다. 내 곁에는 아낌없는 격려와 유익한 비평을 해주는 작가 친구들이 있다. 재능 있는 작가이자 이 책의 단어 하나하나까지 주의깊게 살펴준 미켈 헴펠(Michele Hempel)과 패트리시아 로케(Patricia Locke)에게 감사한다. 이 책이 읽기에 좋다면 그것은 순전히 그들이 내게 준 도움 덕분이다.

알게 모르게 이 책에 중요한 기여를 했던 사람들이 여러 명 있다. 나의 자형인 마빈 하게(Marvin Hage)와 좋은 친구이자 구약학자인 토마스 도즈만(Thomas Dozeman)이 이 책의 초고를 읽고 많은 유익한 제안을 해주었다. 또한 미시간 그랜드 래피드에 있는 종의 교회의 목사인 잭 로에다(Jack Roeda)는 내가 존경하는 설교가로서, 기독교 교리에 대한 그의 설교가 특별히 이 책의 초안을 잡을 때 내게 큰 도움이 되었다. 또한 내게 커다란 영향을 끼친 기독교 교리 교과서들이 몇 권 있다. 셜리 거쓰리(Shirley Guthrie)의 「기독교 교리」(Christian Doctrine)는 이 책에서 다루는 주제들에 대해 더욱 깊이 공부하기를 원하는 사람 누구에게나 추천하고 싶은 책이다. 또한 다니엘 밀리오리(Daniel Migliore)의 「기독교 조직신학 개론」(Faith Seeking Understanding, 장로교출판사)은 오래 전 내가 프린스턴신학교 그의 강의실에서 들었던 훌륭한 강의를 생각나게 하는 책이다. 본서를 통해 그때 내가 그의 강의를 열심히 경청한 학생이었음을 증명할 수 있기를 바란다. 어드만 출판사의 편집자 메리 하이어트브링크(Mary Hietbrink)는 칼빈신학교에서 함께 대학신문을 만들던 때부터 알고 지낸 친구이다. 그녀의 격려와 제안에 대해, 그녀의 생각 이상으로 감사하게 생각한다.

마지막으로, 나의 가족—아내 수잔과 내 딸들 사라와 엘리자벳—에게 감사의 마음을 전한다. 그들은 내게 하나님의 은혜가 어떤 것인지를 이루 말할 수 없을 정도로 많이 가르쳐주었다. 그들은 아무 자격 없는 나를 사랑해주며 또 무수한 방법으로 그 사랑을 내게 보여주었다. 그들이 이 책을 읽는다면 아무리 말해도 부족한 이 한 마디, 사랑한다는 말을 여기서 들었으면 한다.

Remembering the Faith: What Christians Believe

하나님을 향한 갈증

들어가는 글

> 인생의 최고 목적은 무엇인가요?
> 인생의 최고 목적은 하나님을 영화롭게 하고, 그분을 영원토록 즐거워하는 것입니다.
>
> 웨스트민스터 소요리문답, 1647

당신은 무엇을 믿고 있는가? 그 내용이 무엇인지 알고 있는가? 당신은 이 물음에 대답할 수 있는가? 만일 누군가가 당신에게, 당신이 믿고 있는 바가 무엇인지 구체적으로 말해보라고 도전해 온다면?

그리스도인이란 무엇을 믿는 사람인가?

지난 수년간 목회사역을 해오면서, 나는 내가 섬기는 사람들이 믿는 신앙의 내용 문제에 대해 관심이 점점 더 많아졌고 때로는 곤혹스러움마저 느꼈다. 그들이 믿고 **있는가 아닌가**(if) 하는 문제가 아니라, 대체 그들이 **무엇을**(what) 믿고 있는가 하는 문제에 대해.

제인은 내가 섬기는 교회 일원이었는데 일년의 태반을 병원에서 보냈다. 늘 입원해 있던 것은 아니었지만 입원이 잦았고, 그럴 때면 나는 병실을 찾아가 함께 시간을 보내곤 했다.

우리는 대화를 나누었는데, 그것은 내가 그간의 목회에서는 전혀 경험해보지 못한 성격의 대화였다. 전에도 적지 않은 병원 심방을 해보았지만 이런 경우는 처음이었다. 손꼽아 고대했다고는 말할 수 없지만, 분명 피하고 싶은 심방은 아니었다. 아마도 그 심방에서 나는 모종의 흥분을 느꼈던 것 같다. 병원을 떠날 때면 나는 늘, 내가 그 대화에 **완전히 몰입해 있었다는** 사실을 깨닫곤 했다. 그것은 전혀 틀에 박힌 심방이 아니었다.

하나님을 향한 갈증 15

제인은 많은 질문을 던졌다. 병원에 갈 때면, 흔히 나는 시카고의 날씨나 시카고 불스팀의 최근 성적 같은 것을 첫 화젯거리로 꺼냈다 — "잠깐 들른" 진짜 목적으로 자연스럽게 들어갈 요량으로 말이다. 그러나 이 특이한 분은 날씨나 불스 같은 것들에 대해선 전혀 관심이 없었다. 내가 이해하기로는, 그것들은 그녀 자신이 처한 심각한 상황의 의미를 이해하는 일과 하등 상관이 없었기 때문이었다. 그녀는 지금, 자신이 죽어가고 있다는 사실을 알고 있었다.

내가 배운 신학교 교수들 가운데 한 분은 신학을 "질문을 던지는 신앙"이라고 설명한 적이 있다. 내가 생각하기에, 그의 취지는 신학은 진리를 추구하는 것이 아니라는 것이다. 즉 어떠한 믿음도 전제하지 않고 출발하는 것이다. 그의 설명에 따르면, 신학이란 더 많은 것을 알고 싶어하는 신앙, 용감히 질문을 던지는 신앙으로부터 자라 나오는 것이다. 하나님에 대한 신앙은, 언제나 우리가 신학적 질문을 던지는 데서 출발하는 것이다.

신학의 정의를 이렇게 내려볼 때 내 친구 제인이야말로 일류 신학자였다. 이것이 내가 그녀에 대해 내린 결론이다. 그녀는 자신의 신앙에 대해 과감히 질문을 던졌던 신앙인이었다. 나는 그녀처럼 그렇게, 깊이와 끈기와 열심을 담아 질문을 던지는 사람을 그때까지 본 적이 없다. 그녀는 단순하고 단편적인 대답에는 만족하지 않았다. 그녀가 처해 있던 그 심각한 상황이 그녀로 하여금 기독교 신앙—그녀와 내가 믿는—의 내용을 그토록 철저히 탐구하도록 만들었던 것이다.

내가 병실에 들어가면, 그녀는 간단하게 인사한 후 대뜸 이렇게 말하곤 했다. "성경을 읽고 있었는데요, 이 문장이 무슨 뜻인지 잘 모르겠어요. 목사님은 어떻게 생각하세요?" 그리고는 내게 그 구절을 읽어주었다. 어떤 때는 "지난주에 누군가가 제게 이런 말을 했어요"라며 들은 이야기를 내게 전해주고는 또 이렇게 질문한다. "이 말에 대해 어떻게 생각하세요?" 우리 대화는 늘 그런 식으로 진행되었다. 그녀가 너무 피곤

해 도저히 계속할 수 없게 되어서야 대화는 중단되었고, 그러면 나는 그녀와 함께 기도를 드린 후 병실을 나왔다.

| 삶과 죽음에 있어서 당신의 유일한 위로는 무엇입니까?
| 나는 내 자신의 것이 아니라, 나는-몸과 영혼, 살아 있을 때나 죽었을 때 나-신실하신 나의 구원자 예수 그리스도의 것이라는 사실입니다.

주의 날 1, 하이델베르크 교리문답, 1563

죽음과의 직면은 우리 정신을 예리하게 만든다. 우리로 하여금 전에는 생각조차 하지 못했던 것들에 대해 감히 질문하도록 한다. 또한 죽음 혹은 다른 모든 심각한 상황들과의 직면은 우리로 하여금 삶의 가장 중요한 이슈들과 접하게 만든다. 내가 믿기로는, 바로 이런 것들이 지난 세기 최고의 신학서들 몇 권이 2차 세계대전을 전후로 쓰여졌던 이유 중의 하나가 되었다. 처절한 상황에 처하거나 벼랑 끝으로 몰릴 때가 바로, 우리가 궁극적인 질문들에 대한 답을 갈망하게 되는 지점이다. 그때 우리는 "지금 내게 또는 내 주변에서 일어나고 있는 일이 대체 나의 신앙에 어떤 의미를 갖는가?" 하고 질문하게 된다.

제인의 병실은 내게 신앙의 질문에 대한 나의 전통적 답변들 전체를 재검토할 필요를 느끼게 해준 여러 장소 가운데 하나였고, 가장 최근의 장소이기도 했다. 제인이 내게 준 마지막 선물은 내게 신앙에 대해 질문을 던지는 것이었다. 그것은 내 신앙의 다소 거친 부분들을 다듬을 수 있도록 도움을 주었고, 제인은 그 삶의 마지막 일년 동안 나로 하여금 내 신앙의 몇몇 부분에 대해 놀랍고도 새로운 용어로 다시 표현하지 않으면 안되도록 만들어 주었다. 비록 서툴고 부족한 시도이기는 했지만 어느 정도 그것을 이룰 수 있었다. 그것에 대해 늘 그녀에게 감사할 것이다.

이제 우리 모두에 대한 나의 관심사는 이것이다. 우리가 삶의 가장 힘겨운 도전들과 마주쳤을 때, 우리의 신앙 내용은 그 질문들에 대해 적절한 대답을 해줄 수 있을 것인가? 아니, 그러한 질문들을 던질 수 있을 만큼 우리는 신앙에 대해 충분한 기본 지식을 갖추고 있기나 한 것일까?

20년 가까이 장로교 목사로 일해오고 있지만, 사실 나는 장로교에서 성장하지 않았다. 나는 강건하고 때로는 완고하기까지 한 신앙의 전통에서 성장했다. 그것에 대해 내가 불만스러워하고 있다는 말로 오해하지 않았으면 한다. 사실 나는 나이가 들어갈수록 점점 더 그 전통을 높이 평가하고 있기 때문이다. 그러나 내가 지금보다 젊었을 때, 나의 어린 시절의 신앙이 내게는 편협하고 완고한 것으로 비쳐질 때가 많았다. 대학을 졸업하고 신학교에 들어가서도, 내가 어렸을 때 배웠던 대답과는 상당히 다른 대답을 듣고서 매우 당혹스러웠던 기억이 여전히 새롭다. 수업 후 기숙사로 돌아가 혼자 있을 때면 나의 믿음 체계—내가 어린 시절에 가졌던 믿음 체계—가 방금 전에 도전받았다는 사실 때문에 갑자기 온몸에 식은땀이 흘러내리곤 했다. 신학교 수업 시간은 전에는 결코 느껴보지 못했던 압박감과 긴장을 내게 가해왔다. 그 시간이 오면—경험해보지 못한 사람은 이것을 이해하기 어렵다—나는 어린 시절 내가 배웠던 신앙 내용으로 다시 돌아가 그것을 이해해보려고 씨름하곤 했다. 그리고는 혼자서 이렇게 되뇌었다. "헤이, 도대체 네가 믿고 있는 신앙의 내용이 무엇이지?" 하나님에 대한 나의 믿음은 결코 문제가 되지 않았다. 다만 문제는, 나의 신앙의 **내용**이 무엇인가였다.

내가 지금 말하려고 하는 요지는 이것이다. 그때 내게는 이러한 본질적인 물음 앞에서 되돌아갈 수 있는 신앙의 그 무엇인가가 있었다는 사실이다. (그것에 대해 나는 지금도 고맙게 생각하고 있다.) 감사하게도, 그때 내게는 기댈 수 있는 신앙의 그 무언가가 있었다는 것을 말하고 싶다. 그때 내 신앙에는 내용이 있었고, 그것이 힘겨운 기간 동안 내게

버팀목이 되어주었던 것이다. 물론 내 신앙의 내용이 해가 바뀜에 따라, 그리고 나의 신학교 훈련 등을 통해 분명 담금질되고 제련되었던 게 사실이다. 하지만 내게는 어렸을 적 받았던 신앙훈련이라는 좋은 원재료가 있었던 것이다. 대부분의 요즘 사람들과는 달리 주일학교, 교리문답 수업, 기독교 학교를 통해서 나는 어느 정도 신앙생활에 대한 기본을 갖추고 있었다.

그러나 요즘 사람들을 볼 때 내게 드는 염려는 그들의 신앙에는 너무 내용이 없어 보인다는 점이다. 그들에게는 뭔가 가지고 씨름할 수 있는 원재료가 너무 없고, 힘겨운 과정 중에 기댈 수 있는 것이 너무 없어 보인다. 내가 보기에 요즘 사람들은 신앙에 대해 질문을 던지고 싶어하면서도 도대체 어디서부터 시작해야 할지 모르고 있는 것 같다.

지난 수년간에 걸쳐 나는, 죽어가는 교인들의 병상 옆에 오랫동안 있어 보았다. 좀 이상하게 들릴지 모르겠지만 사실 이러한 순간들은 나의 목회생활 가운데 최고의 시간에 속한다. 삶의 마지막 전환점을 맞고 있는 교인들 곁을 지키면서, 나는 스스로 복된 사람이라고 느낀 적이 많았다.

돌이켜보면 그런 상황에서 우리의 대화는, 결국 "죽으면 우리는 어떻게 되는가?" 하는 질문으로 귀착되곤 했다. 그때마다 내가 듣는 대답은 이런 것이었다. "지금까지 저는 죽으면 우리 존재도 끝나는 것이라고 생각해왔어요. 죽으면 그저 끝이라고 말이에요."

바로 얼마 전에도 나는 그런 대답을 듣고 순간적으로—그 반응을 나는 결코 잊지 못할 것이다—의자에서 튀어나올 뻔했다. 나는 불쑥 소리쳤다. "그렇다면 부활절은 무엇이죠? 대체 당신은 부활절 아침마다 교회에서 무슨 말을 들은 겁니까?"

그가 대답했다—그의 반응도 결코 잊지 못하리라—"글쎄, 모르겠어요. 하지만 그런 말은 없었어요. 우리가 죽을 때 어떻게 되는지에 대해서는 들은 기억이 없어요."

계속해서 우리는 기억 속에 소중히 간직될 매우 유익한 대화를 나누었지만, 나는 그 집을 나서면서 이런 생각을 했다. "지난 20년간 부활절 아침마다 과연 나는 꼭 해야 할 말을 잊고 지나치지는 않았던가? 도대체 그리스도인에게 삶의 희망이라는 것이 정확히 무엇인가? 조금 전 내가 한 말은 그에게 위로와 희망을 주었는가? 내가 한 말이 내 신앙의 전통과 일치하는 것인가?"

내가 느끼기로는, 오랫동안 교회의 일원이었으면서도 어떻게 된 일인지 기독교 신앙의 내용에 대해서는 전혀 들어보지 못한 그리스도인들이 의외로 많은 것 같다. 그러나 나의 이러한 관심은 오래된 교인들에게만 국한되지 않는다. 나는 교회에 들어온 지 얼마 안된 지체들에 대해서도 생각하고 있다. 내가 읽어본 연구보고서에 의하면—또 나의 목회 경험으로 비춰보아도 이는 분명한 사실인데—지난 세대 동안 교회는 이런 세태를 겪어왔다. 사람들은 아동기나 청소년 때 교회출석을 시작했다가 6학년이나 8학년 사이에서 교회출석을 그만둔다. 교회의 일원이기를 그만두는 것인데, 이는 그들의 시간과 관심을 놓고 경쟁을 벌이는 다른 활동거리들이 세상에는 너무도 많기 때문이다. 그러나 여러 해가 지난 후 그들이 결혼하고 보통 아이들이 생긴 다음에는 그들은 다시 교회로 돌아온다.

그들이 교회로 다시 돌아오는 것은 너무 반가운 일이다. 그러나 대개 그들은 기독교 신앙에 대해서는 6학년 정도 수준의 이해를 가지고 돌아온다. 성경 이야기에 대해 그저 약간 친숙한 정도의 지식을 가지고 있을 뿐 결코 그 이상으로 나아가지 못했던 것이다. 그러나 6학년 정도의 교육 수준으로는 세상살이를 잘 할 수 없듯이, 신앙생활도 마찬가지다. 6학년 수준의 내용에서 그쳐버린 신앙은 허약하고 빈약한 신앙일 수밖에 없다. 그것은 삶의 폭풍우와 직면했을 때 그다지 오래 버틸 수 없기 때문이다. 삶의 힘겨운 순간들을 맞았을 때 역시 기댈 수 있는 것이 못 된다.

내가 다음 장들에서 다루고자 하는 것은 기독교 신앙의 **내용**이 무엇인지를 설명하려는 것이다. 내 계획은 기독교 신앙의 진리 여부를 논증하려는 것이 아니다. 기독교 신앙의 당위성을 수호하는 것도 중요한 임무이지만, 그것이 여기서 나의 목적은 아니다. 또한 내 계획은 기독교 신앙에 대해 할 수 있는 모든 말을 다 하려는 것도 아니다. 주된 목적은 역사 속에서 그리스도인들이 언제나 믿어왔던 바, 우리가 전해 받은 신앙 전통의 윤곽을 지극히 개론적인 정도에서 그리고 싶은 것뿐이다. 나는 독자들의 마음속에 더 많은 독서와 더 많은 사색을 향한 갈망을 불러일으킬 수 있었으면 한다. 나는 종종 설교를 통해 전하고 있는 바로 그 일을 당신에게 하고 싶다—신앙인들로 하여금 하나의 영적 여행을 시작하도록 독려하는 일 말이다.

용감히 질문을 던지는 신앙인—또는 신학자—이 되기 위해서 우리는 지금까지 다른 신앙인들이 믿어왔고 또 가르쳐온 내용들에 관해 어느 정도 지식을 가지고 있어야 한다. 기독교회는 질문을 던져온 이천년의 역사를 가지고 있다. 따라서 오늘 질문을 던지고자 하는 우리에게는, 우리 앞서 신앙인들이 던져왔던 질문들에 대해 최소한의 지식은 가지고 있어야 한다. 물론 그들이 도달한 답변들에 대해서도 마찬가지다.

우리는 아무리 똑똑하다 해도 하나님을 진정으로 알 수 없다. 하나님은 내면으로부터 자신을 우리에게 계시하신다. 그분을 찾으러 혹은 부르러 나갈 필요가 없다. 그분은 당신의 마음의 문만큼 가까이 계신다. 거기서 그분은 당신이 어서 그 문을 열기를 간절히 바라시며 기다리고 계신다. 그러기를 당신보다 그분이 더 바라고 계신다.

마이스터 에크하르트(Meister Eckhart), 설교들

이천년의 역사를 지나오면서 그리스도인들이 던졌던 그 질문에 대한 답변들을 우리는 "교리"(doctrines) 또는 교회의 가르침이라고 부른다.

그것의 대부분은 기독교의 기본적인 질문들에 대해 신앙인들이 함께 이룬 하나의 일치된 생각을 나타낸다. 교회의 교리들은 많은 경우 교리문답(catechisms), 신앙고백문(confessions), 그리고 신조(creed)라 불리는 문서에 담겨져 있다. 다음 장들에는 내가 설명하려는 교리의 예로써 이들 다양한 문서들 가운데서 뽑은 인용문들을 실어놓았다. 교리문답, 신앙고백문, 신조 등은 제각기 그 용도가 다르다. 그러나 보통 그것들은 신앙인들이 자신들이 성경에서 읽은 것과 예수 그리스도라는 인물 안에서 보았던 것을 요약하려고 했던 하나의 시도이다. 뒤에서 살펴보겠지만 성경과 예수님은 신자들에게 있어 신앙의 내용을 얻는 두 주요 원천이다.

내가 속한 신앙 전통이 무엇인지는—개혁신학 전통— 분명히 드러날 것이다. 여기에 대해 특별히 언급할 것은 없다. 그것은 내가 가장 익숙히 알고 있는 전통으로서, 나는 그것에 깊은 영향을 받았으며, 그것을 향해 편향된 애정을 갖고 있다. 마르틴 루터와 존 칼빈 같은 이들로 인해 시작된 종교개혁은 교회사에서 중요한 시기였다. 상당한 양의 신학이 신앙인들이 던졌던 질문들로 인해 그 기간 동안 쓰여졌다. 나는 이 전통에 감사해 마지않는 그 후예이다. 그러나 나는 할 수 있는 한, 전체적인 관점에서 기독교 신앙의 내용을 설명하려고 노력했다. 따라서 다른 신앙 전통에 속한 사람들도 여기서 그들이 가진 질문들을 다시 상기할 수 있을 것이다. 나의 바람은 당신이 전에 들었던 사상과 진리들을 검토하고 그것들을 현재로 가져와서 그 사상과 진리들이 오늘날에도 얼마나 중요한 것인가를, 그것들이 우리의 생존 자체—우리의 **영적** 생존—를 위해 얼마나 필수적인 것인가를 보여주는 것이다.

"우리의 생존 자체"라는 말이 아마도 조금은 과장되게 들릴지 모르겠다. 그러나 이것은 나의 목회 경험에 근거하여 갖게 된 생각이다. 지금 우리 그리스도인들에게는 우리가 누구이며 우리 신앙의 내용이 무엇인지 다시 기억해야 할 필요가 절실하다.

듀크대학 교수이면서 그곳 채플 담당 목사이기도 한 윌리엄 윌리몬(William Willimon)은 얼마 전 자신의 친구인 스탠리 하우워바스(Stanley Hauerwas)와 함께 「낯선 거주자」(Resident Aliens)라는 작은 책을 썼다. 그 책은 나와 내 주변 그리스도인들에게 적지 않은 영향력을 끼쳤다. 그 책에서 그는, "지난 수백 년 동안은 '자신의 입장을 변호할 책임'(burden of proof)이 하나님을 믿지 **않는** 사람들에게 있었다"고 말한다. 그 당시만 해도 신앙이 너무도 광범위하고 깊숙이 퍼져 있었기 때문에 불신자들은 다른 사람들 앞에서 스스로를 변호하고 자신들의 불신앙의 이유를 설명해야 했다. 그러나 오늘날은 상황이 변했으며 더욱이 그 변화가 우리 세대에서 일어났다는 것이다. 자신의 입장을 변호해야 할 책임 소재가 바뀌어버린 것이다. 오늘날 우리 사회의 지배적인 목소리는 불신앙, 회의, 그리고 무관심이다. 예를 들어, 당신이 오늘날 이 사회 속에서 삼위일체 하나님을 믿는다고 말하려면 당신은 그 말이 무슨 뜻인지 사람들에게 설명해야만 한다. 오늘날 대부분의 사람들은 삼위일체 하나님을 믿고 있지 않으며 설령 믿고 있다고 해도 그것이 정확히 무슨 의미인지 모르고 있기 때문이다. 그들의 삶과 삼위일체와 같은 기본적인 교리들이 서로 어떤 관련을 맺고 있는지 오늘날 대부분의 사람들은 모르고 있다.

이것은 교회에 오래 다닌 교인들에게도 마찬가지다. 그들에게 "삼위일체"를 언급하며 그들의 반응을 살펴보라. 추측컨대 그들 중 많은 이들이 삼위일체 하나님을 믿는 것이 왜 중요한지 말해보라는 여러분의 요구에 난색을 표할 것이다.

그렇다면 우리는 어디서부터 시작해야 하는가?
나는 여러분에게 신앙인들이 언제나 시작해왔던 곳에서부터 시작할 것을 제안한다. 즉 우리 앞선 사람들, 기독교 신앙에 대해 우리 앞서 깊이 생각했던 사람들로부터 배울 것을 제안하고 싶다.

존 칼빈은 그가 스물한 살 되던 1536년에 쓴 책에서 모든 인간은 하나님에 대한 의식 혹은 지식을 가지고 태어난다고 말한 바 있다. 그는 그것을 일컬어 "신성에 대한 의식"(awareness of divinity)이라고 표현했다. 이는 우리 각자 안에는 하나님의 작은 일부가 들어 있다고 말하는 뉴에이지 사상과는 다른 것이다. 나는 요즘 그런 말을 자주 듣는데, 그 말을 이해하지도 또한 그 모습이 어떤 것인지 그려보지도 못하겠다. 칼빈의 말은 이와는 전혀 다른 것이다. 그의 말은, 우리는 하나님과의 관계 안에서 존재하도록, 하나님을 향한 헌신 속에서 살도록 지음을 받았다는 뜻이다. 더욱이 이런 의식을 우리 안에 두신 분이 하나님이라고 그는 말한다. 하나님께서 우리 앞서 행하신다는 것이 칼빈의 일관된 주장이었고, 나의 신앙 전통에 속한 사람들도 언제나 하나님이 우리와의 관계를 주도하신다고 주장해왔다.

어떤 그리스도인들은 "우리 각자 안에는 오직 하나님으로만 채워질 수 있는 빈 공간이 있다"는 말을 즐겨 사용한다. 아마 여러분도 이런 표현을 들어본 적이 있을 것이다. 내가 생각하기로 그 말의 의미는, 우리는 하나님 외의 것으로는 결코 만족할 수 없는 그분을 향한 갈망 혹은 굶주림을 가지고 창조되었다는 것이다. 유진 피터슨(Eugene Peterson)은 그의 책 「다윗: 현실에 뿌리박은 영성」(*Leap Over a Wall*, IVP)에서 "하나님을 향해 굶주려 있는 갈망은 … 인간 안에 있는 가장 강력한 욕구이다. 이는 성과 권력과 안정 그리고 명성을 향한 욕구를 전부 합쳐놓은 것보다도 훨씬 더 강한 욕구이다"라고 말했다.

피터슨처럼 장로교 목사인 도널드 맥쿨라우(Donald McCullough)도 그의 책 「하찮아진 하나님」(*The Trivialization of God*, 기독교서회)에서 "인간은 본질상 예배하는 존재이다. 인간이기에 그것은 어쩔 수 없다. 인간은 다만 예배할 대상을 선택하는 것일 뿐이다. 우리는 하나님을 경배하고 있거나, 아니면 다른 수많은 거짓 신들을 예배하고 있거나, 둘 중의 하나다"라고 말했다. 이것은 피터슨의 생각과 동일한 흥미로운 말이다.

우리는 당신의 거대한 창조세계의 한 작은 부분일 뿐입니다. 그러나 주님, 그래도 우리는 당신을 찬양하길 원합니다. 당신을 위해 우리를 지으셨기에, 우리의 마음은 당신 안에서 쉬기 전까지는 결코 쉼을 알 수 없습니다.

어거스틴, 고백록

이런 고백은 나 자신의 경험과도 분명 잘 들어맞는다. 우리 안에 자리잡은 이 갈망과 굶주림에 반응하여 우리는 스스로를 만족시키기 위해 온갖 행위를 일삼는다. 나는 바로 이런 것들이 우리 사회에 만연한 알코올 중독, 음식의 남용과 성의 탐닉, 부의 축재의 동기라고 생각한다. 다시 말해 이러한 중독과 남용 및 탐닉 행위는 우리 안에 자리잡은 이 굶주림—신앙인들이 흔히 말하는 **영적인** 갈급—에 대한 반응인 경우가 대부분이다. 위험스러운 것은 알코올 중독이나 음식과 성의 남용과 탐닉, 부의 축재가 잠시 동안은 그 목적을 성취하는 듯 보인다는 사실이다. 짧은 시간 동안 정말 그러한 것들이 우리를 만족시켜주기도 한다. 그러나 바로 전의 그 불만족은 어김없이 다시 찾아오기 마련이다.

조지 윌(George Will)은 한 칼럼에서 우리 사회의 "개인 숭배" 현상—추앙하고 예배하는 대상을 가지려는 인간의 자연적 욕구—에 대해 묘사한 바 있다. 다이애나 왕세자비의 죽음과 관련한 언급이었지만, 사실 그는 그보다 더 폭넓은 현상을 묘사했던 것이다. 월에 따르면, 숭배의 대상이 되는 사람들이 실제로는 그들의 삶에서 위대한 일을 성취했는가 아닌가는 사실 중요한 문제가 못된다. 숭배의 욕구를 지닌 인간은 예배 받을 자격이 있는 대상이든 아니든 상관없이, 늘 예배할 대상을 찾아 나선다는 것이다.

종종 나는 사람들이 주일 아침예배에서 불편함을 느낀다고 말하는 소리를 듣는다. 어떤 이들은 찬송을 부르고 공동 기도문을 읽고 하는 행위들이 자신들에게는 너무도 어색하다는 것이다. 그러나 시카고 불스가 게임을 벌이는 유나이트 센터나, 혹은 비어즈 게임이 열리는 솔저 필드 같은 곳에 가보라. 사람들이 목이 터져라 소리를 지르는 광경을 보고 듣는다. 나 역시 그들과 더불어 고함을 지른다. 우리는 일어나라는 말에 함께 일어나고, 전광판 위에 나타나는 구호를 함께 외치면서 "게임이라는 이름의 예배"에 참여하고 있는 것이다. 다 큰 어른들이 말이다! 예배 행위에 완전히 몰입해서는 그들의 영웅들에게 충성을 외치는 것이다!

피터슨과 맥쿨라우의 말은 분명 옳다. 인간에게는 본질적으로 하나님을 향한 굶주림과 갈망이 있다. 인간에게는 예배하려는 열망이 있다. 결국 중요한 것은 우리의 선택이다. 그러나 우리가 보아왔듯이 너무나 쉽게 우리 인간들은 예배의 대상으로 시시한 신들을 선택하는 경향이 있다.

오랜 시간을 지나오면서 신앙인들은, 어째서 인간들이 이렇게 시시한 신들을 선택하는 경향이 있는가에 대해 깊이 고민해왔다. 그리고 많은 이들이 찾은 그 이유는 바로 죄 때문이었다. 지금 우리는 창조된 본래 모습의 우리가 아니다. 우리의 죄된 본성이 우리가 해야 할 마땅한 선택을 하지 못하게 만들고 있는 것이다. 이것이 바로 인간이 처해 있는 곤경의 상태다.

그러나 좋은 소식(good news)이 있으니, 하나님은 우리를 이런 상태로 그냥 내버려두시지 않는다는 사실이다.

내가 가장 좋아하는 성경 이야기 가운데 하나는 사도행전에 나오는 빌립과 에티오피아 내시에 관한 이야기다. 이 이야기를 좋아하게 된 이유는, 그 에티오피아인이 나와 일면 공통점이 있기 때문이다. 기독교 신앙으로의 **그의** 회심은 나의 회심과 유사했다. 사도 **바울의** 회심은 내가 보기에 우리 모두가 마땅히 가져야 할 경험에 대한 모델 내지 패러

다임이다. 그러나 그 에티오피아인과 나와는 다른 상황이었다.

당신도 기억하듯이 바울은 하늘로부터 눈부신 빛을 보았고 음성을 들었다. 그 순간, 그의 삶은 변화되었다. 그는 부활하신 그리스도를 만난 것이었다. 이런 사건은 경험한 당사자에게야 물론 너무 좋은 일이겠지만, 그것이 우리들 대부분의 경험은 아니다. 그렇지 않은가? 내게는 분명 그런 경험이 없었다. 고백하건대, 대부분의 사람들이 그런 방식으로, 즉 **바울** 식으로 신앙을 갖게 되는 것이 아니라는 사실을 알기 전까지는 한때 마음이 괴로웠던 적도 있었다.

다른 방식이 있다.

그 에티오피아인은 구도자(seeker)였다. 내가 보는 관점에서 그는 신학자였다. 질문을 던지는 신앙인이었던 것이다.

그는 삶의 어떤 시점에서 이미 이스라엘의 하나님을 만난 사람이었다. 아니, 내가 더 옳게 여기는 방식으로 말하자면, 그는 이스라엘의 하나님께서 이미 만나주신 사람이었다. 이 이야기를 들여다보면, 그는 예루살렘을 방문하여 그곳 성전에서 예배를 드린 후 집으로 돌아가는 길이었다. 그는 자신의 내면에 자리했던 영적인 갈증을 만족시키기 위해 그렇게 먼길을 온 것이었다.

이야기의 서두를 보면, 그는 자신의 마차를 타고 가면서 이사야서를 읽고 있었다. 그런데 우리가 흔히 그런 것처럼, 그만 길을 잃고 말았다—지리적 의미가 아니라 영적인 의미에서. 그는 도저히 그 본문을 이해할 수도, 그 뜻을 깨달을 수도 없었다. 그러나 바로 그때, 하나님의 기적적인 타이밍으로 빌립이 나타나서 그에게 묻는다. "지금 읽으시는 것을 아시겠습니까?"

마침 천만다행이라며 그가 대답한다. "아니오, 사실이지 난 모르겠소. 이리로 올라와서 나에게 설명 좀 해주시오." 물론 빌립은 기꺼이 그렇게 했다. 분명히 훌륭한 설명을 해주었던 것 같다. 왜냐하면 그의 설명을 듣고서는 그 에티오피아 사람은 이렇게 소리쳤기 때문이다. "내가 당장 세례 받지 못할 이유가 무엇인가요? 나는 준비되었소. 사실 나는 평생을 준비해왔소."

이 이야기가 놀라운 것은, 또 그것이 지금까지 전해지고 있는 이유는, 그가 신앙의 응답을 하리라고는 아무도 기대하지 않았던 사람이었기 때문이다—그는 다름아니라 비유대인이었다. 그러나 그는, 모든 인간들이 각자 내면에서 느끼고 있는 바를 정직하게 표현했다. 그것은 하나님을 향한 갈증이었다. 그것은 우리 삶의 많은 시시한 신들이 아니라, 우주의 창조자, 우리 속에 먼저 숨을 불어넣으신 그 하나님을 향한 갈증이었다.

우리는 여섯째 날 창조되었다. 동물이 창조된 날과 같은 날이었다. 그러나, 우리를 동물과 구별지어주는 것은 지식이나 도덕의식 때문이 아니다. 그것은 다름아니라, 우리는 하나님과의 관계 안에서 살도록 창조되었다는 사실 때문이다. 우리에게는 하나님의 형상, 하나님의 모습이 있다. 우리는 하나님의 영광을 반사하도록 창조되었다.

우리는 이것을 위해 태어났다. 우리가 이것, 곧 우리 삶의 목적이 무엇이며 끊임없이 우리를 찾아오시는 하나님은 어떤 분이신지 깨닫기 전까지는, 우리는 허기지고 불안하며 불만족한 존재가 될 수밖에 없다. 그저 우리 주변의 시시한 신들에게 충성을 바치면서 말이다.

다시 한번 여러분에게 묻고자 하는 질문이 있다. **당신은** 지금 무엇으로 당신 안의 그 빈곳을 채우려 하는가?

더 깊은 공부와 생각을 위한 질문들

- 예수님이 사역 중에 만났던 이들 가운데 어떤 사람이 이렇게 말했다. "믿습니다. 저의 믿음 없는 것을 도와주소서." 이 말은 당신의 신앙을 어떻게 묘사해주는가?
- 지금 당신은 당신 삶의 어떤 영역에서 질문을 가지고 있는가? 그러

한 질문들 앞에 당신의 신앙은 어떤 도움이 되고 있는가?
- 당신의 삶을 이루는 관심사와 활동 리스트를 마음속으로 작성해보라. 그 가운데 어떤 것에서 당신은 **영적인** 갈망을 더 깊이 느끼는가?

Remembering the Faith: What Christians Believe

어디서 하나님을 발견할까

일반계시

하늘이 하나님의 영광을 선포하고
궁창이 그 손으로 하신 일을 나타내는도다
날은 날에게 말하고
밤은 밤에게 지식을 전하니
언어가 없고 들리는 소리도 없으나
그 소리가 온 땅에 통하고
그 말씀이 세계 끝까지 이르도다.

시편 19:1-4

주일 아침 교회에 앉아 설교를 듣거나 유아세례식을 지켜보고 있을 때 속으로 이런 생각을 해본 적은 없는가? "이들은 어떻게 그것을 알까? 이들은 어떻게 이 모든 말들이 사실이라고 확신할 수 있을까?"

설교자가 '하나님이 우리를 사랑하신다' 혹은 '하나님은 우리의 짧은 인생에 의미와 목적을 주신다'는 주장을 할 때마다, 회중석에 앉아 있는 누군가는 속으로 조용히 그러나 집요하게 이렇게 중얼거리고 있다는 글을 어딘가에서 읽은 적이 있다. "저 이는 어떻게 그것을 알지?" "저 이는 어떻게 그렇게 확신할 수 있는 거지?"

종교적 주장을 하는 많은 사람들이 있다. 특히 요즘은 더욱 그렇다. 따라서 이런 질문이 생겨나는 것은 당연한 것이다.

어떻게 우리는 그것을 아는가?

최근에 한 교우가 우리 교회처럼 시카고 교외에 위치한 어느 교회에 관한 책을 내게 주었다. 그 책에 따르면, 그 교회 목사는 1980년대 초 교회 설립예배에서 이렇게 말했다고 한다. "지금 여러분 앞에 서 있는 저는 이 꿈이 반드시 현실이 되리라 확신하고 있습니다. 어떻게 확신하느냐고요? 이 꿈은 하나님이 불어넣어 주신 것이기 때문입니다."

나는 생각했다. "아니, 당신이 그걸 어떻게 알지? 당신이 그걸 어떻게 확신할 수 있지? 그 꿈이란 게 실은 성공을 향한 당신의 야망에 불과한 게 아닌지?" (덧붙이자면 그는 책 후반부에서 그 역시 가끔씩 이런

질문을 스스로에게 던질 때가 있다고 고백하고 있다. '이 꿈은 정말 하나님에게서 온 것일까?')

"당신이 그것을 어떻게 알지?"는 중요한 질문이며, 대답할 만한 가치가 있는 질문이라고 생각한다. 당신과 나는 이러한 질문에 사려 깊은 대답을 줄 수 있어야 한다. 빈정대기 위한 질문에는 그럴 필요가 없지만, 우리 자신이 하나님에 대해 믿고 있는 것이 사실인지, 그렇다면 그것을 어떻게 알고 확신하는지 사람들에게 말해줄 수 있어야 한다.

우리는 어떻게 그것을 아는가?

얼마 전 여름 휴가 때, 나는 딸과 함께 조디 포스터 주연의 개봉 영화 '컨택트'(Contact)를 보러갔다. 조디 포스터가 맡은 역은 거대한 전파망원경을 이용해 바깥 우주에서 생명체가 보내는 신호를 듣는 일에 몰두하는 과학자였는데—적어도 영화 전반부까지는—스스로를 그리스도인이라고 여기는 사람은 아니었다. 그 영화 중 한 장면에서 그녀는 이런 질문을 던진다. "정말 하나님이 우주를 창조했다면, 어째서 그가 존재한다는 사실을 우리가 알 수 있도록 지문 같은 것을 남겨두지 않았을까?" 정확하게 옮긴 말은 아니지만 이것이 그 질문의 요지였다. 만일 하나님이 이 세계를 창조하셨다면, 왜 우리는 그 안에서 하나님의 손길에 대한 어떤 증거를 볼 수 없는 것인가? 이것은 우리가 일반 영화에서 흔히 들을 수 있는 질문이 아니라, 분명 신앙의 질문이다.

이 영화에 대한 평론에서 진 시스켈(Gene Siskel)은 "그 질문 하나만으로도 이 영화 관람료의 가치가 있다"고 말했다. 글쎄, 요즘 영화관 입장료를 볼 때 그의 말에 전적으로 동의할 수는 없지만, 그 질문이 중요하다고 한 점에서는 그와 생각이 같다. 사실 그 질문을 들으면서 내 안에서는 그것에 답하고 싶은 마음이 일었다. 아니, 그 극장 안에서 벌떡 일어나 말하고 싶었다. 누군가 그 질문에 대해 무슨 대답을 해야 한다고 생각했던 것이다. 우리는 어떻게 아는가?

기독교 신앙과 삶은 하나님의 성품과 목적에 대해 신뢰할 만한 지식과 불가분의 관계를 갖는다. 이러한 지식의 원천을 계시라는 말로 부르길 원치 않는 사람은, 그것을 대치할 무언가 다른 용어를 만들어내지 않으면 안된다.
다니엘 밀리오리, 「기독교 조직신학 개론」(Faith Seeking Understanding)

그리스도인들은 우리가 침묵의 세계, 말없는 세계 안에서 사는 것이 아니라고 믿고 있다. 좀더 분명하게 표현하자면 우리 그리스도인들은 말씀하시며, 자신을 계시하시며, 수 없는 방법으로 우리에게 자신을 드러내시는 하나님을 믿고 있다. 그처럼 자신을 **우리에게** 알리기 원하시는 것이 하나님의 본성 자체라고 믿고 있다. 하나님이 창조세계 안에서 자신을 우리에게 계시하신다고 믿는데, 시편 19편은 이를 가장 잘 표현해주는 말씀이다. "하늘이 하나님의 영광을 선포하고 궁창이 그 손으로 하신 일을 나타내는도다." 이것을 일컬어 우리는 "일반계시"(general revelation)라고 말한다.

다음으로, 하나님은 오랜 세월을 걸쳐 당신의 백성과 함께하신 관계를 통해 우리에게 자신을 계시하신다고 믿는다. 이것이 바로 성경에 기록된 하나님과 당신의 백성에 관한 이야기이다. 우리는 이것을 "특별계시"(special revelation) 혹은 성경이라고 부르는데, 다음 장에서 설명할 것이다.

마지막으로, 우리는 하나님께서 예수 그리스도라는 한 사람을 통해 우리에게 온전히 자신을 계시하셨음을 믿는다. 우리가 하나님에 대해 알기 원하는 모든 것이 예수 그리스도 안에 들어 있다. 그것이 바로 성육신 교리(the doctrine of the Incarnation)인데, 이에 대해서는 마지막 장에서 살펴볼 것이다.

이러한 것들이 바로 하나님에 대해 알 수 있도록 우리에게 하나님을 가리켜주는 방법들이다. 그럼 먼저, 일반계시에 대해서 살펴보자.

하늘들아, 너희 살아 있는 문들을 열어라. 엿새 동안 세상을 만드시고 장엄하게 돌아오시는 위대한 창조자를 맞으라.

존 밀튼, 「실락원」(Paradise Lost)

수세기에 걸친 노력에도 불구하고 아직 신학자들은 일반계시의 가치에 대해 공통된 의견에 도달하지 못했다.

존 칼빈은 일반계시의 가치를 매우 강조했던 신학자 가운데 한 사람이다. 자신의 주석에서 그는, 어머니 품안에 있는 아기의 모습이 천 가지의 신탁보다도 하나님의 영광을 더 웅변적으로 대변한다고 했다. 칼빈은 계속해서 우주에는 소위 영광의 불꽃들이 흩어져 있으며, 그러한 불꽃들을 보면서 우리는 하나님이 어떤 분인지 알 수 있다고 말했다.

내가 보기에는 우리가 어떤 화가에 대해 아는 것도 이와 동일한 방식이다. 한 화가가 그린 그림을 유심히 관찰하면, 그가 누구이며 그가 무엇을 중요하게 생각하는지 더 잘 이해할 수 있게 된다. 그림이 그를 보여주고 드러낸다고 믿기 때문에 그림을 통해 화가 자신에 대한 강한 인상을 얻게 되는 것이다.

그러나 그 화가가 곧 그 작품은 아니듯이, 하나님 자신이 창조세계와 동일한 것은 물론 아니다. 오히려 창조세계는 하나님의 장엄한 영광의 반영일 뿐이다. 창조세계를 보면서 우리는 하나님이 어떤 분인지 의식하게 되는 것이다.

얼마 전에 어떤 사람이 내게 마이클 베헤(Michael Behe)의 책 「다윈의 블랙 박스」(Darwin's Black Box)를 추천해주었다. 내 취향의 책은 아니었지만 다 읽은 지금에는 그 책 읽기를 무척 잘했다고 생각하고 있다.

베헤는 찰스 다윈과 그의 이론에 대해 오늘날 학계에서 맹렬한 논쟁이 진행되고 있음을 지적한다. 그중에는 호전적이고 공격적인 자세로 다윈의 이론을 유포시키고 있는 학자들—강경파 다윈주의자들—도 상당히 많다. 당신도 알 듯이 다윈은 하나님이나 성경의 창세기 이야기가 존재의 기원을 설명해준다고 생각지 않았다. 대신에 그는 자연 선택과 무작위에 대한 이론을 전개시킨 사람이었다.

베헤는 복음주의 그리스도인도 아니며 창조론 지지자도 아니다. 그는 생화학 전문가이기 때문에 우주를 분자 수준에서 바라본다. 그러나 그의 말은 한마디로 다윈의 이론은 틀렸다는 것이다. 다윈의 이론이 다른 많은 것들을 설명할 수 있을지 모르나 분자 수준에서는 그 이론이 들어맞지 않는다는 것이다. 혈액 응고에 대한 장에서 베헤는, 응고의 메커니즘은 분자 수준에서 볼 때 너무도 복잡한 것일 뿐만 아니라 복잡한 부분들 상호간에도 너무도 정확한 상호반응을 요구하는 것이기 때문에 진화로서는 그것의 존재를 설명할 수 없다고 강조한다. 따라서 혈액 응고가 생겨날 확률은 대략 십의 십 팔 제곱 분의 일로서, 이는 지극히 적은 수치에 불과한 것이다. 왜? 그에 따르면 시간이 충분치 않기 때문이다. 베헤는 우주의 역사를 수십 억만년으로 보고 있지만, 그렇더라도 혈액 응고 같은 것이 생겨나기에는 충분한 시간이 아니라고 말한다.

그에 따르면, 우리가 몸에 상처를 입었을 때 수분 내에 그 상처가 스스로 치유하기 시작하는 것은 사실 너무도 놀라운 일이며 우주 전체가 일어나 박수를 칠 정도로 경이로운 일이다. 분자 수준에서 보면 그것은 정말 경외감을 불러일으킬 사건이다. 혈액 응고와 같이 우리 삶 속에서 일상적으로 일어나는 일들을 통해서도, 우주가 뭔가 지적인 계획에 따라 만들어졌음을 우리에게 말해준다는 것이다.

우리는 하나님의 현존을 무시할 수는 있지만, 세상 어디에서도 그것을 피할 수는 없다. 세상은 온통 그분으로 가득하다.
C. S. 루이스, 「말콤에게 보낸 편지들」(*Letters to Malcolm*)

일반계시라는 말의 의미는, 모든 사람이 그것을 알 수 있다는 뜻이다. 이것이 일반계시의 장점이다. 일반계시는 우리 모두에게 온다―레하이 대학의 생화학자 베헤에게도, 휘튼에 사는 장로교인에게도. 우리 모두는 그것을 최소한 어렴풋하게나마 볼 수 있다. 그러나―이것이 중요한 문제인데―일반계시는 다른 종류의 계시에 비해 희미한 것이다. 그 본질상 일반계시는 모호할 뿐 아니라 그 해석들이 각각 다를 수도 있다. 일반계시는 늘 우리를 혼란시킬 상황에 열려져 있다. 예를 들어 남아프리카의 그리스도인들은 창조세계를 보면서 그들의 인종차별 정책제도에 대한 정당화를 찾았다. 그들은 하나님의 뜻은 분명히 인종들이 서로 분리되어 사는 것이라고 믿었다. 그러나 우리가 알 듯이 다른 그리스도인들은 창조세계의 증거에서 그와 전혀 다른 메시지를 읽는다.

20세기의 가장 중요한 신학자 가운데 한 사람인 칼 바르트(Karl Barth)는 일반계시에 대해 상당히 유보적인 자세를 취했고, 일반계시에서 결론을 이끌어내는 것에 대해 그리스도인들에게 경고했다. 사실, 창조세계는 갖가지 것을 다 꺼낼 수 있는 가방과도 같다. 마이클 베헤는 혈액 응고가 지적인 계획자가 존재하고 있음을 가리켜준다고 말하지만, 그러나 거기서 인격적인 사랑의 하나님, 곧 그리스도인이 믿는 하나님의 존재가 반드시 결론으로 추론되는 것은 아니다. 따라서 일반계시는 그렇게 분명한 것이 못된다.

또 다른 예를 들어보자. 당신이 영적으로 매우 좋았던 일주일을 보냈다고 하자. 삶 속에 임재하시는 하나님을 느낄 수 있었고 그것을 누군가에게 간증하기까지 한다. 그러나 당신이 말하는 그 증거들을 들은 누군가는 이렇게 말할 수도 있다. "무슨 소리. 그건 하나님이 아니야. 당신은 그저 이번 주에 운이 좋았던 것 뿐이야. 그런데 하나님은 무슨 하나님?"

인생의 대부분을 인도에서 선교사로 보냈던 레슬리 뉴비긴(Lesslie

Newbigin)은 자신의 책에서, 세상의 수많은 사람들은 창조세계를 보면서도 결국 하나님을 지극히 비인격적인 존재로, 한 위대한 미지의 존재로, 당신과 나에게 별로 관심이 없는 어떤 존재로 생각한다고 말한다.

이처럼 일반계시는 그 자체로는 불완전할 수밖에 없다. 따라서 그것을 더욱 분명하게 보기 위해서는, 많은 그리스도인들이 믿고 있는 신앙이 반드시 필요하다.

개혁신학 전통의 신학자인 엘리자베스 악트마이어(Elizabeth Achtemeier)는 일반계시의 효용을 고속도로 반사경을 예로 들어 설명한다. 고속도로 반사경은 그 자체로서는 그다지 쓸모가 없다. 다만 그 방향으로 차의 헤드라이트를 비출 때에야, 비로소 그것은 생명을 갖게 되는 것이다. 반사경이 자신의 역할을 하게 되는 것은 바로 그때다.

악트마이어는 "마찬가지로 우리가 세상을 신앙 안에서, 예수 그리스도를 통해서 보지 않을 때는 그 안에 들어 있는 표지들을 놓치고 만다"고 말한다. 즉 일반계시는 자기 이상의, 자기를 넘어서는 그 무언가에 기초를 두어야만 한다는 것이다.

여기서 일반계시에 대해 우리가 알아야 할 또 다른 것이 있다. 신학자들이 흔히 '객관적 측면' 또는 '주관적 측면'이라고 부르는 것이 바로 그것이다. 계시의 객관적 측면은 이미 설명했다. 그것은 우리 주위의 세계에서 얻는 정보 혹은 자료들을 말한다. 그러나 주관적 측면도 놓쳐서는 안될 만큼 중요한 것이다. 그리스도인들은 늘 계시는 응답을 요청한다고 믿어왔다.

우리에게는 신성에 대한 의식(a sense of the divine), 즉 칼빈이 말하는 '센수스 디비니타투스'(sensus divinitatus)—하나님을 알아보는 능력—가 우리 안에 있기 때문에 우리는 계시에 응답할 수 있는 존재이다.

이러한 능력을 함양하여 온전한 감사로 응답하는 것은, 신앙인으로서 우리에게 있는 책임 가운데 하나이다. 그러나 우리는 하나님을 감지할 수 있는 장소들로부터 스스로 물러설 때가 너무도 많다. 종종 우리는 하나님을 보는 것이 제한될 수밖에 없도록 삶을 살아간다. 마치 도시에서 사는 사람들이 도시의 불빛들 때문에 별을 보는 것이 어려운 것처럼 말이다. 시골로 나가거나 호숫가 같은 특별한 장소에 가서야, 비로소 하늘을 올려다보며 "오, 저것 좀 봐요. 밤하늘이 이렇게 아름다운 줄 몰랐어요. 대단하지 않아요?" 하고 말하는 것과 같다.

이처럼 많은 사람들이 아침에 "투데이쇼"를 보면서 일어나 "투나잇쇼"를 보며 잠자리에 든다. 우리는 하나님의 작고 세미한 음성을 스스로 들으려고 하지 않는다. 아침이나 낮이나 밤이나 우리의 삶은 온통 소음으로 가득하다. 그 모든 소음으로 인해 하나님의 음성은 들리지 않는다. 상황이 이러할진대 우리가 듣는 훈련을 하지 않는다면, 하나님께 귀기울이는 시간을 삶 속에서 마련하지 않는다면, 하나님의 임재하심에 스스로의 마음을 열지 않는다면, 우리가 어떻게 하나님의 음성을—응답은 제쳐두고라도—들을 수 있겠는가?

> 우리는 자연 세계 안에서 하나님의 증거를 찾는다 …. 그러나 우리는 우리 영혼의 깊은 곳에서 그분을 찾기를 잊어서는 안된다.
>
> 프랑소아 페넬롱, 「묵상집」(*Meditations and Devotions*)

동부 해안에 위치한 한 학교에서 최근 일년간 미술을 공부하고 돌아온 친구가 있다. 본래 재능 있는 화가였지만, 한 해 동안 그의 재능은 더욱 향상되었다. 그가 과정을 마치고 돌아왔을 때 "어땠어?"라고 묻자 그는 이렇게 대답했다. "이제 내 주위 세계를 관찰하는 데 좀더 능숙해진 거 같아." 나중에 나는 이런 생각이 들었다. "그 말이 옳아. 성장한다는 것은 우리 자신을 열고 더 수용적이 되어간다는 거야. 우리 모두는 더 나은 관찰자, 더 나은 경청자가 되도록 자신을 훈련시킬 필요가 있어."

이것은 신앙 문제에도 적용될 수 있는 말이 아닐까?

계시에 대해 이제부터 내가 말하려는 것이 어떤 사람들에게는 특별하거나 생소한 것일 수도 있을 것이다. 하나님이 우리에게 자신을 계시하실 때, 그것은 종종 이 지상의 것들을 통해서 온다. 이는 쓰여진 기록물—지극히 인간적인 사람들에 의해 쓰여진 책들의 모음집—인 성경에도 적용된다. 또한 그것은 하나님이면서도 동시에 가장 인간적이셨던 분인—후에 살펴보겠지만, 어떤 면에서는 **곤혹스러울 정도로** 인간적이셨던—예수님께도 적용된다. 하나님이 우리와 의사소통을 하실 때, 그것은 종종 우리가 보고 만지고 들을 수 있는 방법을 통해서 온다.

성경은 이를 아주 분명하게 말씀하고 있다. 아무도 하나님을 직접 본 사람은 없다. 언제나 우리는 하나님을 간접적으로 보고 듣는 것일 뿐이다. 요한복음에서 예수님이 "나를 본 자는 아버지를 본 것이다" 하고 말씀하셨을 때도, 그것은 제자들이 정말 하나님의 충만한 영광을 보았다는 의미는 아니다.

구약성경 출애굽기 33장을 보면 모세와 하나님이 대화를 나누는 장면이 나온다. 그들은 친구로서 등장하고 있는데, 이것은 아주 가깝고 친밀한 관계를 보여주는 놀라운 이야기이다. 그 이야기 중에 모세는 하나님께 이렇게 요청한다. "제게 당신의 얼굴을 보여주소서. 저는 당신의 모습을 보고 싶습니다."

그러나 하나님은 "너는 내 얼굴을 볼 수 없다. 내 얼굴을 보고 살아날 수 있는 사람이 아무도 없기 때문이다" 하시고, 계속해서 이렇게 말씀하신다. "자, 이렇게 하겠다. 너를 갈라진 바위 틈 속에 숨긴 다음에 내가 지나갈 것이다." 그리고는 하나님이 지나가셨다. 그때 모세의 눈을 하나님께서 친히 가려주셨다. 하나님이 부드러운 몸짓으로 팔을 내미

셔서 당신이 다 지나갈 때까지 모세의 눈을 덮어주셨고, 다만 모세는 하나님의 뒷모습만을 볼 수 있었다. 이것은 하나님을 간접적으로 보는 것에 대한 하나의 은유일 것이다.

그렇다면 이 이야기의 의미는 무엇일까? 나는 이런 뜻이라고 생각한다. 우리는 하나님이 일하신다는 증거를 볼 수 있으나, 대개는 그분이 지나가신 다음에야 그 흔적을 알아보게 된다. 우리는 아이들의 출생에서, 혹은 한계를 극복해가는 상황들 속에서 그 흔적을 보게 된다. 우리는 하나님의 발은 보지 못하지만 그분의 발자국은 볼 수 있다. 우리는 하나님의 손은 보지 못하지만 그분의 지문은 볼 수 있다.

내가 "지금 우리는 우리를 사랑하시는 분의 놀라운 임재 안에서 살고 있습니다"라고 말한다면, 누군가는 내게 "당신이 그것을 어떻게 압니까?" 하고 물을 것이다. 그러면 나는 이렇게 대답하리라. "하나님은 창조세계 안에서, 성경 안에서, 마지막으로 예수 그리스도 안에서 그분 자신을 계시하셨습니다. 뿐만 아니라 나의 부모님께서 그분에 대해 말해주셨고, 내 앞서 신앙으로 사셨던 성도들의 말에도 귀기울였습니다. 그리고 나는 그분을 알게 되었습니다. 그러나 그것으로도 충분한 증거가 되지 못한다면 나는 이렇게 말할 수밖에 없습니다. 내 안에 있는 너무도 커다란 이 확신은, 다름아니라 하나님의 성령께서 품게 하신 확신입니다."

이것이 내가 그분을 아는 방식이다. **당신은** 그분을 어떻게 아는가?

더 깊은 공부와 생각을 위한 질문들

- 우주 안—혹은 우리 자신의 삶 속—어디에서 당신은 하나님의 존재에 대한 증거를 발견하는가? 그 증거를 당신이 다른 사람에게 가리킬 때 **그들은** 거기서 무엇을 보는가?
- 왜 그리스도인들은 일반계시에 대해 조심하고 주의해야 하는가?

그리스도인들이 자연의 "증거"를 잘못 해석하거나 잘못 해독해온 특정한 예들을 들 수 있겠는가?
- 로마서 1:16-25과 사도행전 17:23을 읽어보라. 사도 바울은 하나님에 대한 자연적 지식에 대해 무엇이라고 말하고 있는가?

Remembering the Faith: What Christians Believe

성경은 무엇인가

특별계시

모든 성경은 하나님의 감동으로 된 것으로
교훈과 책망과 바르게 함과 의로 교육하기에
유익하니 이는 하나님의 사람으로 온전케
하며 모든 선한 일을 행하기에 온전케 하려
함이니라.

디모데후서 3:16-17

그리스도인들은 하나님께서 성경 말씀을 통해 자신들에게 말씀하신다고 믿는 사람들이다. 이는 참으로 대단한 주장이지 않은가? 하나님께서 우리에게 말씀하신다.

가만히 생각해보면, 이것은 참으로 놀라운 진리이자 경축해야 할 일이다. 여러분이 지금 시간을 들여서 이 장을 읽고 있는 이유도, 그것이 사실일지 모른다는 희망 때문일 수 있다. 그러나 다른 한편으로 생각하면, 이것은 참으로 터무니없는 주장이지 않은가? 오랜 세월 전에 쓰여진 책들의 모음집을 통해 하나님이 오늘 우리에게 말씀하신다는 주장이다. 어떻게 그것을 믿을 수 있는가?

이 장에서 나는 이 주장이 의미하는 바에 대해 깊이 생각해보고자 한다.

하나님이 우리에게 말씀하신다.

루터교 사상가이자 사회학자인 피터 버거(Peter Berger)는 자신의 책「현대 사회와 신」(*Rumor of Angels*, 기독교서회)에서 그리스도인을 현장에서 연구중인 문화인류학자와 비교하고 있는데, 이것은 우리에게 유익한 시사점을 던져준다.

버거의 설명에 따르면, 현장에서 연구중인 문화인류학자들은 자신의 진짜 정체성을 망각할 위험이 늘 따라다닌다. 즉 "원주민에 동화되어버릴"(go native) 위험이 있다는 것이다. 그들이 연구중에 틈틈이 본국으로 돌아가거나 현장의 다른 동료들과 관계를 맺고 있지 않다면, 정말로 원주민에 동화되어버릴 위험성은 상당히 높다. 오래지 않아 자기도 모르는 사이에 자신이 연구하려고 했던 사람들의 생활 방식과 관습들을 스스로 취하게 된다는 것이다.

버거는 그리스도인들에게도 바로 이런 현상이 일어난다고 주장한다. 문화인류학자들이 원주민에 동화되어버릴 위험이 늘 존재하듯이, 우리 그리스도인들도 주변문화에 흡수되어버릴 위험, 우리가 누구이며 우리의 참된 정체성이 무엇인지를 망각할 위험이 늘 도사리고 있다는 것이다.

바울이 디모데에게 보낸 편지(특별히 디모데후서)는 성경의 본질과 성경을 사용하는 방법에 대한 유익한 지침으로 자주 인용되어왔다. 바울의 글을 읽을 때마다 나는 그리스도인을 문화인류학자와 비교하는 것이 아주 유익한 통찰임을 확인하곤 하는데, 바울 역시 그의 편지에서 그리스도인인 우리가 원주민에게 동화되어버릴 위험성에 대해 자주 언급하고 있기 때문이다. 바울은 디모데가 살고 있는 사회의 특징을 방종이라고 묘사한다. 그 사회 사람들은 자기 자신과 돈과 쾌락을 사랑한다. 바울은 그 사회에서 나타나는 여러 행동들을 길게 열거하고 있는데, 그것은 결코 과장이 아니었다. 디모데후서 3장 처음 몇 구절들은 우리에게 1세기 세계에 관한 흥미로운 그림을 보여준다. 바울의 묘사에 따르면, 그것은 온갖 이기적인 욕심에 사로잡힌 사회다.

바울은 자신의 젊은 후배인 디모데에게 이렇게 말한다. "거기 살면서 조심하라. 그곳 원주민에 동화되지 말라. 네가 누구이며 네가 무엇을 배웠는지 늘 기억하라. 네 참된 정체성이 무엇인지를 기억하라."

바울이 성경을 언급하는 것은 바로 이러한 맥락에서다. 그는 말한다. "네가 배운 것, 어렸을 때부터 성경을 통해 교육받았던 것을 기억하라. 그 말씀들이 너를 강하게 만들어줄 것이다."

[성경은] 성부, 성자, 성령이신
한 분 하나님의 이야기이다.
그 이야기는 지금도 여전히 펼쳐지고 있으며
우리는 신앙 안에서 그것을 우리 자신의 이야기로 삼는다.
그것은 우리의 기억과 우리의 희망을 이룬다.
그것은 우리에게 우리가 누구이며 우리가 무엇을 해야 하는지 말해준다.
그것을 다시 말하는 것은 우리가 믿고 있는 바를 선언하는 것이다.

신앙선언문, 1985 (미국장로교회: PCUSA)

문화인류학자들처럼 그리스도인들은 규칙적으로 본향을 찾을 필요가 있다. 세례 받을 때 우리는 주변사회의 문화로부터 우리를 구별지어주는 정체성을 부여받았다. 세례 받을 때 우리 모두는 하나님의 아들과 딸로 입양되었다. 이것이 바로 우리의 참된 정체성이다. 그러나 현장에 나가 있는 우리는 그곳에 살고 있는 원주민들에게 동화될 위험, 우리가 누구인지를 망각할 위험과 늘 마주하고 있다.

이런 것을 깊이 생각하다보면 내게는 이런 생각이 든다. 그리스도인들인 우리를 문화인류학자와 비교하는 것이 의미가 통하려면, 먼저 우리가 살고 있는 이 사회문화가 얼마나 우리에게 낯선 것인가를 인식할 수 있어야 한다. 당신은 어떠한지 모르겠으나 나는 거의 매일같이 내 자신이 주변 세상과 보조를 맞추지 못하고 있다는 사실을 발견한다. 십대 딸아이와 텔레비전 시트콤을 보다보면 내가 그들과 다르다는 사실을 깨닫지 않을 수 없게 되고, 내 이웃의 가치가 나의 가치와 다르다는 사실도 발견하게 된다(비록 몇몇 놀라운 예외들이 있긴 하지만). 나는 직업—혹은 소명—을 다른 사람을 섬기는 일에 자신의 삶을 드리는 것이라고 생각하는 반면, 내 이웃들은 직업을 그런 식으로 바라보지 않는다. 나는 여기에 살고 이곳 사회문화 속에서 일하고 있지만, 그러나 이곳은 나의 본향이 아니다. 이 세상문화는 점점 내게 낯설게만 느껴진다.

사도 바울이 디모데에게 한 말을 보면, 우리의 본향은 성경 말씀 속에 묘사되어 있다. 성경은 우리 자신의 진정한 정체성을 배우고 다시 기억해내는 장소이다.

우리는 "성경을 따르는 사람들"(people of the Book)이다. 당신도 이 표현을 들어보았을 것이다. 이 말의 의미는 성경이 우리의 지침이라는 분명한 사실을 가르쳐준다. 각종의 의견과 이론과 신념들이 뒤섞인 장소로 묘사되는 이 현대사회 속에서도 우리 그리스도인들에게 한 가지 불변하는 권위의 원천이 있다면, 그것은 다름아닌 성경이다.

그리고 우리는 그 말씀에 기쁜 마음으로 순종한다. 당신도 순종하고 있는가?

> 성경을 통해 우리에게 증언되는 예수 그리스도는 우리가 들어야 하는, 또 사나 죽으나 우리가 신뢰하고 순종해야 하는 유일한 하나님의 말씀이다.
>
> 바르멘 신학선언(The Theological Declaration of Barmen), 1934

이 글을 쓰면서 나는 우리의 믿음이 현재의 세상문화와 얼마나 대치되고 있는가를 새삼 깨닫는다. 그리스도인인 우리들—신앙인들—이 성경이야말로 우리 권위의 원천이며 우리가 그 권위의 지배 아래 있음을 고백할 때, 분명 우리는 현재 문화의 흐름을 역류하고 있는 것이다.

계몽주의 운동 이래로, 주어진 진리와 확실성들로부터 벗어나려는 강력한 운동이 있어왔다. 그중 "교황 반대, 군주 반대"는 우리가 물려받은 유산의 하나였다. "교황이나 군주가 내게 무엇을 하고 무엇을 믿어야 할지 강요하지 못하도록 하겠다. 교회나 정부가 나의 삶을 지도하지 못하도록 하겠다." 이것이 내가 장로교인으로서 물려받은 역사적 유산이었다. 우리가 따르는 권위의 원천은 오직 하나였다. 성경이 바로 그것이다. 물론 몇 권의 옛날 책들의 묶음에 이렇듯 경의를 표하는 것이 별스럽게 비쳐질 수도 있다. 또한 이것을 우리 주변 사람들 모두가 생각하고 믿고 있는 바도 아니다.

시편 가운데 가장 긴 시인 119편은 하나님의 율법, 하나님의 말씀에 대한 찬사와 경축의 시이다. 각 연이나 절이 제각기 다른 히브리어 알파벳 문자로 시작되고 있는 이 시의 히브리어 원문은 일종의 말맞추기 퍼즐처럼 구성되어 있다. 무엇보다도 시편 119편은 하나님의 말씀이 "꿀보다 달다"고 고백하고 있다. 그 말씀은 "우리 발의 등"이요 "우리 길의 빛"이다.

색다른 표현이 아닌가? 말하건대 만일 당신이 이것을 믿고 있다면, 지금 당신은 주변 세상과는 다른 길을 걷고 있는 것이다.

하버드대학의 종교 지도자이자 그 학교 기념교회 목사인 피터 곰스(Peter Gomes)는 「좋은 책」(*The Good Book*)이라는 아주 흥미로운 책을 썼다. 그것은 당신의 예상처럼 성경에 관한 것이다.

곰스는 통계 수치를 인용하면서 그리스도인들을 포함한 요즘 사람들이 성경에 대해 얼마나 무지한지 보여준다. 예를 들어, 조사 대상자의 10퍼센트는 잔다르크(Joan of Arc)가 노아의 아내라고 답했다('방주'가 영어로 'ark'이므로-역주). 16퍼센트는 사도 도마가 쓴 복음서가 신약성경에 들어 있다고 확신하고 있었다. 또한 28퍼센트는-조사 대상자의 거의 1/3-구약성경도 신약성경처럼 예수의 죽음 이후에 기록되었다고 알고 있었다. 곰스는 이런 현실을 보면서, 옛날 주일학교 때 들었던 농담 하나가 기억난다고 말한다.

교사: 서신서(epistle)가 뭐지?
학생: 사도(apostle)의 아내를 말하는 거지요.

계속해서 그는 정곡을 찌르는 언급을 한다. 놀라운 사실은, 이처럼 대부분의 사람들이 성경에 대해 참담하리 만큼 무지한데도 여전히 대부분의 그리스도인들은 성경을 그들 삶의 가장 중요한 권위의 원천으로 고백하고 있다는 점이다. 그들은 성경을 그들의 본향으로 즉, 그들이 누구이며 그들의 참 정체성이 무엇인지 기억하기 위해 되돌아가는 장소로 생각하고 있다.

물론 어떤 면에서는 우리가 살고 있는 문화를 생각해볼 때 또는 모든 권위를 의문시하는 계몽주의의 유산을 생각해볼 때, 신앙인들이 '원주민'에게 동화되고 본향과의 접촉을 잃어버리기 시작하는 것은 놀라운 일이 아니다. 뿐만 아니라 그리스도인들마저 이런 말을 한다는 사실도 이제는 놀라운 일이 아니다. "당신이 그것을 어떻게 알지? 하나님이 이 성경을 통해 우리에게 말씀하신다는 것을 어떻게 알지? 확실히 알 수 없다면 어째서 우리가 오랜 시간을 들여가며 그것을 읽어야 하지?"

여기, 하나님께서 성경을 통해 말씀하시는 것을 우리가 알 수 있기 위해서는 다음 두 가지를 기억하는 것이 필요하다. 이는 오랫동안 교회가 주장해온 중요한 통찰들로서, 나는 신앙인이라면 마땅히 이것을 익숙하게 이해해야 된다고 생각한다. '좋은 책'인 성경에 대해 우리는 최소한 이 정도만큼은 알고 있어야 한다.

1. 성경은 자신의 권위를 스스로 입증한다(self-authenticating). 이 구절은 기억해두는 것이 좋다. 그 말의 의미를 보여주는 한 가지 예를 들어보겠다.

어떤 사람이 내게 사랑이나 우정의 가치에 대해 묻는다면, 또는 내가 개인적으로 사랑이나 우정 등을 얼마나 가치 있게 생각하고 있는지 알려고 한다면, 처음에는 사랑이 무엇이고 우정이 어떤 것인지 말로 설명해보려고 할 것이다. 또는 서재 책장에서 책을 한 권 꺼내 위대한 작가들이 사랑이나 우정에 대해 언급했던 내용을 펼쳐 보이기도 할 것이다. 그럼에도 그가 계속해서 질문을 던지거나 어떻게 합리적인 사람이 사랑이나 우정 같은 것을 믿을 수 있느냐고 계속 따져든다면, 나는 단호하게 이렇게 말할 것이다. "나가서 사람들을 만나 사귀어보지 그래요.

그들을 알아가면서 우정이 어떤 느낌인지 스스로 발견해보세요. 또 사랑이 무엇인지 정말 알고 싶으면, 제발 누군가와 데이트 해보세요. 그러면 당신도 내가 알고 느낀 것을 체험할 수 있을 겁니다."

성경의 진리들은 자신의 권위를 스스로 입증한다고 말할 때 그리스도인인 우리가 정말로 하고자 하는 말은 이것이다. "스스로 알아보라. 그것을 신뢰할 수 있는지 알고자 한다면, 스스로 뛰어들어가 보라. 그러면 당신도 우리처럼 하나님의 약속은 믿을 만하고 신뢰할 만하다는 사실을 알게 될 것이다."

구약성경으로 돌아가 당신 스스로 하나님께서 아브라함과 사라에게 하신 약속—예를 들어 "너를 통해 세상의 모든 나라들이 복을 받을 것이다"—이 무엇인지 알아보고, 그리고 오늘날 서구 그리스도인들을 바라보라. 나는 우리가 지금 하나님께서 약속하신 그 복을 받고 있다고 확신한다. 하나님은 그분의 약속을 지키셨는가? 나는 그렇다고 고백한다. 교회도 처음부터 그렇게 고백해왔다. "우리는 분명 하나님께서 자신의 말씀을 지키실 것이라 믿을 수 있다." 성경 말씀은 자신의 권위를 스스로 입증한다.

성령이 말씀에 숨을 불어넣으시고
진리를 나타내 보이시네.
교훈과 약속들이
성화시키는 빛을 가져오네.
　　　　　윌리엄 카우퍼(William Cowper), 찬송(*Hymn*)

2. 교회가 성경에 대해 가르쳐온 또 다른 통찰은 이런 것이다. **성경 말씀을 읽을 때 우리는 누군가의 도움을 받을 필요가 있다.** 우리 혼자서는 길을 잃을 수 있기 때문이다.

얼마 전 설교 중에 이 부분에 대해 언급한 적이 있었다. 나중에 어떤 교인이 일부러 나를 찾아와 이렇게 말하는 것이었다. "그러면 목사님은 개인 경건에 반대하신다는 뜻인가요?" 나는 "아닙니다. 물론 아니죠" 하고 대답했다. 그러나 성경을 혼자서 읽고 있는 중에라도 우리는 스스로를 신앙 공동체에 둘러싸여 있는 존재로 생각할 필요가 있다. **마치** 함께 성경을 읽고 있는 것처럼 생각해야 한다.

신앙인들은 성경의 주된 기능이 예배를 위한 것이라고 믿고 있고 실제로도 함께 모여 성경을 읽는다. 그리스도께서 우리에게 실제적으로 다가오시는 것은 우리의 성경 읽기, 말씀 선포, 그리고 성례를 통해서이다. 여기에 대해 더 많은 말을 할 수 있겠으나 여기서는 다만 개인적 성경연구는 사실 성경의 파생적 기능이며, 성경의 주된 기능은 예배를 위한 것이라는 사실을 언급하고자 한다.

최근 어려움을 맞고서 성경 전체를 처음부터 끝까지 읽기로 결심한 한 친구가 있었다. 읽기를 다 마친 그가, 내게 와서 "이제 성경을 완전히 이해할 수 있게 됐다"고 말했다. 아직 그런 경지에 도달하지 못한 나로서는 그 말에 약간 회의가 들어 이렇게 물었다. "그게 무슨 뜻이지?" 그러면서 그는 자신의 성경 연구—그는 자신의 성경 읽기를 그렇게 불렀다—를 통해 내린 결론에 대해 말하는 것이었다. 듣고 있던 나는 깜짝 놀랐다. 그가 내린 결론이라는 것이 우리의 정통적인 신앙과는 너무나 동떨어진 것들이었기 때문이다.

혼자서 성경을 읽고 결론을 얻는 것은 위험하다. 설교를 준비하는 설교자들이 시간을 들여 주석서를 읽는 것도 바로 그 이유 때문이다. 다른 사람들은 어떻게 이해하고 말했는지, 앞서간 신앙인들을 통해 자신의 관점을 형성하고 교정하는 것은 아주 중요하다. 뿐만 아니라 성경에 개별적으로 접근하여 그 의미를 나름대로 구성할 수 있다고 생각하는 것은 큰 오만이다.

그러나 우리를 향한 하나님의 말씀을 듣고 이해하도록 우리를 돕는 것은 주석서뿐만 아니다. 하나님의 성령께서 친히 우리를 도우신다. 내가 속한 신앙전통의 개혁자인 존 칼빈은 성경 말씀을 읽을 때 우리에게 신앙의 안경이 필요하다고 언급한 적이 있다. 이는 나에게 많은 도움이 되었던 이미지다. 성경 말씀이 나에게 하나님의 말씀이 되려면 성령이 우리 안에서 역사하셔야 하고, 그때야 비로소 우리는 깨달을 수 있게 되는 것이다.

> 오 하늘에 계신 아버지, 주님 안에는 빛과 지혜가 충만하나이다. 당신의 성령으로 우리의 생각을 밝히시고, 우리에게 당신의 말씀을 경외함과 겸손으로 받을 수 있는 은총을 주소서. 그것 없이는 아무도 당신의 진리를 이해할 수 없나이다. 그리스도의 이름으로 기도합니다. 아멘.
>
> 존 칼빈, "성경을 읽기 전에"

자신의 책 「하찮아진 하나님」에서 도날드 맥쿨라우는, 교회가 신적 영감론을 먼저 만들어낸 후 그것에 근거하여 지금의 성경을 이루는 66권의 책들에게 권위를 부여한 것이 전혀 아니라고 말한다. 그에 따르면, 성경 66권의 책들은 스스로 형성된 것이다. 즉, 그 책들은 스스로 자신의 권위를 입증했다. 그 책들을 읽을 때, 신앙인들에게는 거기서 하나님이 자신을 향해 말씀하신다는 사실이 점점 분명해졌기 때문이다. 당시 쓰여진 다른 책들과 달리, 오직 그 책들을 통해서만 말이다.

사람들은 종종 성경이 어느 날 갑자기 형성되었다고 생각하지만, 사실을 말하자면 그것은 점진적인 과정이었다. 때로는 고통스러운 과정이기도 했다. 지금까지도 교회는 어떤 책을 성경에 넣을 것인가 말 것인가에 대해 완전한 의견일치를 보지 못한 상태다. 예를 들어, 개신교의 성경은 카톨릭 성경과 다르다. 만일 여러분이 카톨릭 교인이었다가 개신교 교인이 되었다면 아마도 이 사실을 주목해 보았을 것이다. 상황이 이렇게 된 이유는 성경은 오랜 기간에 걸쳐 형성된 책이기 때문이다. 어떤 책을 성경에 넣을 것인가 말 것인가는 신앙인들이 오랜 동안 점진적으로—사실은 수세기에 걸쳐—의견을 수렴시켜왔던 문제이다.

때때로 교회 지체들은 내게 이렇게 말하곤 한다. "성경을 읽고 있긴 한데 아직도 잘 모르겠어요." 혹은 "저를 무척 혼란스럽게 하는 부분들도 있어요." 성경에는 우리가 당황할 만큼 어려운 구절들이 있는 게 사실이다. 노아 가족을 제외한 모든 사람을 죽게 만든 홍수 사건, 아브라함에게 아들 이삭을 희생 제물로 바치라고 명하시는 하나님 등. 성경을 읽으면서 머리를 절레절레 흔들거나, 아니 그 이상으로 성경의 권위를 완전히 거부하고 싶어질 수도 있다.

그러나, 안 될 말이다.

얼마 전 성경에 관한 이해에 도움이 될 수 있는 이야기를 하나 들었다. 생각해보라. 잘 요리된 닭은 먹기에 좋은 음식이다. 그런데 우리가 알 듯이 닭에는 먹기에 좋은 부분이 있고 그렇지 못한 부분도 있다. 깃털, 뼈, 연골, 이런 것들은 우리가 먹지 않는 부분들이다.

성경이 이와 같다고 생각한다. 성경을 이해하고자 애쓰는 사람들에게 나는 이렇게 말한다. "먼저 친숙한 것부터 손대십시오. 편안하게 다가오는 것들부터 시작하십시오. 복음서—마태, 마가, 누가, 요한 복음—의 경우엔 별로 어려움을 주지 않습니다. 그러니 먼저 그것들부터 공부하고 익숙해지십시오. 그런 다음에, 성경에 더 익숙해지고 성경이 기록된 당시의 세계에 좀더 정통해지면, 그때는 아마 그 이상의 수준으로 나갈 수 있을 것입니다. 뼈를 삼키려 하지는 마십시오."

마지막으로 한 가지 더 말해보자. 성경은 우리에게 예수 그리스도를 증거한다는 사실을 기억하는 것이 중요하다. 성경은 곧 **그 살아 계신 말씀**에 대한 증언이다. 이 말의 의미에 대해 간략하게 설명하면서 이 장을 마치려고 한다.

성경은 여러 종류의 저술들을 담고 있다. 역사, 지리, 심지어 과학까지도. 그런 것들이 우리 흥미를 불러일으킬 수 있다. 그러나 가장 중요한 것, 가장 믿을 수 있는 것은 성경이 예수 그리스도에 대해 말하고 있다는 사실이다. 신앙고백서들이 우리에게 말하고자 하는 것도 바로 이것이다. 우리가 정신을 차려 주목해야 할 때는, 다름아닌 성경이 우리에게 예수 그리스도를 증거할 때다.

성경을 역사나 지리나 과학에 대한 책으로 읽기 시작하면 언제나 그 메시지를 오해하게 될 위험이 있다. 마이클 드로스닌(Michael Drosnin)이 쓴 「바이블 코드」(The Bible Code)라는 책이 여러 달 동안 뉴욕타임스 베스트셀러 목록에 올랐었다. 그러나 그 저자가 믿는 것처럼, 성경은 결코 이 세상에서 일어나는 사건들의 정확한 타이밍을 신비한 암호를 통해 우리에게 알려주는 책이 아니다. 그런 종류의 해석은 재미있는 책이나 오락성 영화를 만드는 데 도움이 될 지 모르나 성경의 의도는 아니다.

성경은 우리에게 예수 그리스도를 증거해주며, 어떻게 우리가 더욱 그분을 닮을 수 있는지 수많은 방식으로 보여주는 책이다. 예수 그리스도야말로 그리스도인들 삶의 최종 목표이며 최고 목적이다. 만일 우리가 그 방향으로 가고 있지 않다면, 우리는 길을 멈추고 방향을 수정할 필요가 있다.

내가 이 장에서 언급했던 것은, 성경이 바로 우리가 가던 길을 멈추고 방향을 수정하는 장소라는 점이다. 물론 성경은 읽기가 쉽지 않고 그 의미를 파악하는 데 어려움도 많으며, 우리가 힘써 노력해야 이해할 수 있는 책이다. 그러나 나에게 성경이 주는 도전은 언제나 이것이다. 어떻게 하면 이 성경을 통해 나를 사랑하시고 내 앞선 수많은 사람들을 사랑하신 하나님을 더 잘 알 수 있을까? 어떻게 나는 예수 그리스도를 더 잘 알 수 있을까? 어떻게 나는 본향으로 돌아가는 길을 발견할 수 있을까?

다음에 성경을 읽을 때는 꼭 이것을 염두에 두기 바란다.

더 깊은 공부와 생각을 위한 질문들

- 성경과 그것이 우리에게 하는 말에 대해 서로 다른 많은 주장을 한다. 당신은 성경이 **하나님에 대해** 무슨 말을 하고 있는지 명확히 말할 수 있는가?
- 어떤 의미에서 그리스도인은 성경을 "하나님의 말씀"으로 믿는가?
- 성경은 당신의 삶에서 **유일한** 권위인가, 아니면 여러 권위들 가운데 **하나**인가?

하나님은 어떤 분이신가

삼위일체의 첫번째 분

하나님은 어떤 **것**(something)이 아니라 어떤 **분**(someone)이시다. 어떤 "영적 힘"이 아니라 한 인격체이시다. 성경적-기독교 신앙은 **인격적** 하나님을 믿는 신앙이다.

셜리 거쓰리, 「기독교 교리」(*Christian Doctrine*)

당신이 "하나님"이라는 단어를 말할 때 아니, 그보다 당신이 하나님에 대해 생각할 때 당신의 머릿속에는 어떤 이미지가 떠오르는가? 당신에게 있어서 **하나님**은 무엇을 표현하는 단어인가? 당신에게 있어서 그 단어의 **내용**은 무엇인가?

하버드대학에서 여러 해 정신의학을 가르쳤던 로버트 콜스(Robert Coles)는 아이들에게 특별한 관심이 있었다. 교수생활 동안 여러 권의 책을 펴냈던 그는 말년쯤 되어 「아이들의 영적 생활」(*The Spiritual Life of Children*)이라는 책을 썼는데, 연구를 위해 그는 전 세계 다양한 문화의 아이들을 찾아갔고 그들과 하나님에 대해 이야기를 나누었다. 이 책은 아이들이 그에게 그려준 그림들과 그들이 들려준 이야기들로 가득 찬—놀라운 상상력과 통찰력이 모여 있는—매혹적인 책이다.

연구 결과 콜스가 발견한 통찰력들 가운데 하나는, 그들의 성장 배경과 삶의 환경에 상관없이 거의 모든 아이들에게 하나님에 대한 분명한 의식이 있었다는 점이다. 이 책의 서두에서도 언급했듯이 하나님에 대한 의식은 거의 보편적인 현상이었다.

또한 콜스의 발견에 의하면, 우리에게 원래부터 있었던 것처럼 보이는 이러한 하나님에 대한 의식이, 실은 우리가 속한 문화와 주변환경에 의해 형성되고 만들어진다는 점이다. 예를 들어 만일 당신이 비참한 가난 속에서 성장한다면 당신의 하나님 이해는 그것에 영향을 받을 것이다. 반면에 당신이 사랑 많고 정서적으로 풍부한 부모 밑에서 성장한다면 당신의 하나님 이해는 그것에 영향을 받을 것이다. 그밖에도 여러 영향들이 있고, 삶의 여러 변수들이 우리의 하나님 이해에도 막대한 영향을 끼친다.

이것이 그리 놀라운 사실은 아니지만, 그의 책을 읽으면서 내 주변의 그리스도인들이 가지고 있는 하나님의 이미지에 대해 생각해보게 되었다. 우리의 하나님에 대한 이해는 환경과 문화, 우리의 특별한 공동체에 의해 얼마나 크게 영향을 받았을까?

반면에 우리가 그 영향으로부터 벗어날 수 있다면, 살면서 하나님에 대해 갖게 된 온갖 엉터리 생각들—실은 하나님이 아니라 우리 자신에 대해 더 많은 것을 말해주는—을 지워버리고 하나님에 대해 우리가 어릴 적 가졌던 그 순전한 의식으로 되돌아갈 수 있다면, 그때는 어떻게 될 것인가? 우리는 놀라움과 마음의 감동과 경외와 감사함으로 무릎을 꿇게 되지는 않을까?

> 나는 하나님께—아니, 어쩌면 하나님에 대한 나의 개념에—사랑 없이, 경외감 없이, 심지어 두려움도 없이 다가갔다. 그는…내게 구원자도 심판자도 아니었고, 그저 마술사였을 뿐이었다.
>
> C. S. 루이스, 「예기치 않은 기쁨」(surprised by joy),
> 자신이 어렸을 적 가졌던 하나님의 개념에 대해 설명하는 부분.

콜스가 자신의 책에 수록한 그림들 중에 "하나님이 사는 행성"이라고 이름 붙인 것이 있다. 그 그림을 그렸던 아이의 상상력에 따르면, 하나님은 밤하늘에 보이는 한 행성 위에 살고 계시는데, 그 행성은 아름답고 화려하며 생명을 가지고 있다. 그러나 그 행성은 저쪽 멀리 떨어져 있다. 그림을 보면, 아이는 이곳 지구에 서서 그 놀라운 행성이 있는 저쪽 하늘을 올려다보고 있다. 안타까운 것은, 비록 그 아이가 얼굴에

미소를 짓고 있기는 하지만 멀리 떨어져 있는 그 행성에 가볼 수가 없다는 사실이다. 그 행성은 그 아이에게서 너무 멀리 떨어진 곳에 있었던 것이다. 하나님이 그를 위해 존재하시는 분인 것은 분명하지만, 하나님은 그 아이의 삶과는 아무 관계가 없는 것이다.

하나님에 대해 많은 사람들이 이 아이가 직관적으로 느낀 것과 동일한 결론을 내렸다. 당신도 알 듯이 지난 20세기는 "하나님의 죽음"의 시대로 불려졌다. 이런 사상을 처음 언급한 사람은 독일 철학자 프리드리히 니체(Friedrich Nietzsche)였고, 1960년대에 이 같은 사상은 적어도 학계에서 뜨거운 논쟁거리가 되었었다. "하나님은 죽었는가?"라는 질문이 언젠가 타임지 표지에까지 실리기도 했다. 20세기 가장 큰 전쟁의 하나였던 2차 세계대전이 발발하고 그 와중에서 하나님의 선택된 백성으로 자처하던 유대인의 6백만 명 정도가 학살당하는 지경에 이르자, "하나님의 죽음"은 좀체 사라지기 어려운 사상으로 대두되었다. 몇몇 진지한 유대인 사상가들은 (심지어 몇몇 비유대인 사상가들도) 이제 하나님을 믿는다는 것은 더 이상 불가능하다고 주장했다. 그들은 소름끼치는 그 사건 하나만으로도, 강하고 정의롭고 자비로운 하나님은 이제 더 이상 존재하지 않는다는 사실을 증명한다고 주장했던 것이다.

어떤 이들에게는 이것이 생각하기에도 두려운 이슈이지만, 나는 그 이슈를 깊이 생각하는 것이 전적으로 나쁘지만은 않다고 생각한다. 이제, 하나님이 죽을 때가 아니라 하나님에 대한 특정한 방식의 생각이 죽어야 할 때가 된 것이다. 이제 몇몇 낡아빠진 하나님에 대한 생각들은 사라질 때가 되었다. 정말로, 사랑하는 손자 손녀들인 우리 모두에게 그저 인자한 미소를 지으며 분별없이 모든 응석을 받아주는 하늘에 계신 할아버지 같은 그런 하나님은 이제 죽어야만 한다. 이제 더 이상 그런 관념은 우리 세계의 증거들과 맞지 않는다.

뿐만 아니라 필요할 때면 우리를 위해 주차 장소를 발견해주거나, 우리 삶을 안전하고 안락하고 편안하게 해주는 그런 하나님은 어떤가? 우리에게 아무것도 요구하지 않고 그저 우리가 원하는 것이면 무엇이든 주기만 하는 그런 하나님은? 아무리 악하고 끔찍한 행동을 저질러도, 그저 언제라도 그 모든 것을 자동적으로 용서해주시는 그런 하나님은? 이제는 그런 하나님도 죽어야 할 때이다.

지난 세월 수없이 많은 정치인들이 그 이름을 들먹여온 최고 존재(Supreme Being)요, 전능하신 분이라 불렸던 그런 하나님도 이제는 죽어야 할 때이다. 그런 하나님은 우리가 그의 이름으로 벌여놓은 모든 일에 복을 내려주는 것 외에는, 결코 아무 일도 하지 않는 존재에 불과했다. 이제 그런 하나님은 죽어야 할 때이다. 이제는 그런 하나님을 아무도 그리워하지 않아야 한다.

내가 이 장에서 말하려는 것은 하나님을, 성경이 말하는 하나님을 다시 알리려는 것이다. 지난 세월 동안 우리가 그분에게 붙여놓은 온갖 것의 껍질들을 할 수 있는 영역에서 최대한 벗겨내고 싶은 것이다. 그 하나님은, 오늘날 많은 사람들이 인정하고 입에 올리는 하나님과는 어쩌면 상당히 다른 분인지도 모르겠다.

하나님은 우리에게 어떤 분이신가?

성경을 읽어보면—천천히 생각하며, 신중히 읽어보라—그 속에서 우리는, 하나님이 어떤 분인지에 대한 사변적 이야기는 거의 발견하지 못한다. 성경에는 하나님에 대한 이론적 진술이 많지 않다. 하나님에 대한 철학적인 이야기도 많지 않고, 토론될 만한 명제들도 거의 없다. 대신에 성경은 대부분 우리에게 행동하시는 하나님, 움직이시는 하나님을 보여준다. 우리가 성경에서 만나는 하나님은 행동하시고, 말씀하시고, 아시고, 뜻을 정하시고, 결정하시고, 사랑하시고, 기뻐하시고, 후회하시고, 변론하시고, 심판하시고, 마지막 순간에 마음을 바꾸시고, 통치하시고, 승리하시고, 고통을 당하시는 그런 하나님이다. 또한 우리가 성경에서 만나는 하나님은 분노하시고, 자비로우시고, 질투하시고, 자비로우신 분이다. 때로는 성경의 몇 구절 안에서 하나님의 이 모든 모습을 다 보여주기도 한다.

그러므로 당신이 성경의 기록을 읽을 때 얻는 인상은, 하나님은 세상 속의 어떤 영적 힘이나 에너지가 아니라, 하나님은 한 인격체라는 사실이다. 무엇보다도 하나님은 인격적인 분이다. 그 하나님은 자기 자신이 아니라, 우리에게 말씀하시는 분이시다. 따라서 하나님은 관계를 갈망하시는 분이다. 하나님은 자신의 창조세계 속에 깊이 관여하시며, 그것을 자랑스러워하시며, 때로는 창조세계가 훼손되고 오용될 때, 그것 때문에 슬픔도 느끼시는 분이다

우리가 믿는 하나님은 우리가 가까이 다가갈 수 있는 분이다. 우리에게 알려지기를 원하시는 하나님은, 당신의 창조물인 우리들이 깨닫고 이해할 수 있는 방법으로 당신 자신을 우리에게 계시하신다.

수세기에 걸쳐서 신학자들은 하나님의 이러한 차원을 일컬어 **내재하심**(immanence)이라고 일컬었다. 어떤 면에서 이것은 우리들에게는 하나님의 가장 놀랍고 가장 기쁜 성품들 가운데 하나이다. 우리가 하나님을 알 수 있다. 뿐만 아니라 그분은 우리에게 알려지기를 원하고 계신다.

> 인간의 상상력은, 보잘것없는 것들은 환상적인 크기로 부풀려서 자신의 혼을 다 빼앗기면서, 하나님처럼 위대한 것에 대해서는 어처구니없는 오만함으로 그것을 자기 수준으로 얕잡아본다.
>
> 블레이즈 파스칼, 팡세

그러나 여기에는 위험한 면이 있다. 우리와 가깝게 계시며 관계 맺기를 원하시는 그 하나님께서, 자칫 진지함 없이 만홀히 여겨도 되는 하나님으로, 우리에게는 어떤 기대나 아무런 요구도 하지 않는 그런 하나님이 되어버릴 수도 있다는 사실이다.

얼마 전 우리 교회 고등부 아이들이 플로리다에서 열렸던 여름수련회에 참석했는데, 저녁 집회에 커트 클로닝거(Curt Clonninger)라는 배우가 강사로 나왔다. 그는 하나님에 대한 이미지들을 매우 힘있게 제시하는 사람으로 유명하다. 그는 우리가 하나님에 대해 가지고 있는 왜곡된 이미지들의 캐리커처를 제시했다. 온갖 왜곡된 하나님의 이미지들이 나왔다. 정곡을 찌르면서도 무척 재미있는 시간이었다. 그가 그 이미지들 가운데 하나를 제시하면 청중들은 소그룹으로 나뉘어 서로 토론을 벌인다. 내게 무척 흥미롭고 고무적이었던 것은, 우리 교회 아이들이 자신들의 공동체가 그들에게 어떤 종류의 하나님을 소개해주었는지 알아볼 수 있었다는 점이다. 그들은 그런 하나님은 자신들이 원하는 하나님이 전혀 아니었음을 스스로 깨달을 수 있었다.

우리 교회 아이들은 자신들이 속한 공동체의 하나님에 대한 지배적 이미지로 "사교꾼"(party animal)이라는 이미지를 꼽았다. 그 이름은 클로닝거가 붙여준 것이었다. 이 "사교꾼"으로서의 하나님은 사람들에게 부드럽고 달콤한 말만 해준다. 이 "사교꾼" 하나님은 우리의 약점과 약함이 있어도 그저 눈감아주고, 우리가 흥미를 느끼는 것이면 무엇이나 다 받아준다. 우리에게 어떠한 요구도 하지 않으며, 우리가 무엇을 하든 상관없이 다만 즐겁게 지내기만을 바라는 존재다.

그런데 우리 교회 아이들의 반응이 어땠는지 아는가? 그들은 하나님이 그런 존재가 아니라는 사실을 알고 있었다. 우리 공동체나 사회가 그들에게 소개해준 "사교꾼" 하나님은 거짓된 가짜 하나님이었다. 그들이 보기에, 우리 문화 속에서 경배받고 입에 오르내리는 하나님은 그들의 소중한 시간을 드려 예배할 만한 가치가 없는 존재였다. 그들은 그것을 잘 알고 있었다.

따라서 내게는 이런 생각이 들었다. 우리 그리스도인들이 하나님에 대해 정말로 기억할 필요가 있는 것은, 하나님에게는 또 다른 중요한 차원이 있다는 점이다. 우리가 보았듯이 하나님에게는 **내재적** 측면이 있지만, 신학자들은 또한 하나님의 **초월적**(transcendent) 측면에 대해서도 언급하고 있다. 초월적 하나님은 영원하시고, 전지전능하시고, 편재하시고, 불변하시고, 무한하시고, 불가해하신 분이다. 이는 우리가 하나님의 초월성에 대해 언급하는 전통적 방식들 중 몇 가지이다.

> 네가 하나님의 오묘를 어찌 능히 측량하며
> 전능자를 어찌 능히 온전히 알겠느냐?
> 하늘보다 높으시니
> 욥기 11:7-8

이러한 하나님의 임재하심 안에 있으면, 우리는 어떤 말로도 그분의 성품과 속성을 표현하기에 부족하다. 그저 우리는 말없이 엎드려 경배드릴 뿐이다. 이사야 선지자는 이사야서 55장에서 이러한 하나님을 그분의 말씀으로 다음과 같이 전한다. "내 생각은 너희 생각과 다르며 내 길은 너희 길과 다르다." 이사야서 6장을 보면 이사야 선지자가 성전에서 하나님을 만나는 장면이 나오는데, 성전의 터가 하나님의 임재로 흔들린다. 방은 온통 연기로 가득 차고 날개 달린 천사들이 날아다니며 하나님의 거룩하심을 찬양한다. 이것을 일컬어 신학자들과 시인들은 **두렵고 떨리는 신비함**(*mysterium trememdum*)이라고 표현했다. 성경에는 하나님은 우리와 다르신 분, 전적 타자(Wholly Other), 어떤 경우에는 두렵고 떨리는 분으로 묘사한 분명한 메시지가 있다. 출애굽기 33:20을 보면 하나님이 모세에게 이렇게 말씀하신다. "나를 보고 살 자가 없음이니라."

우리는 이러한 메시지들을 상당 부분 잃어버렸다. 오늘날 그리스도인들은 하나님께 있는 이런 초월적 측면을 놓치고 있다. 그저 하나님을 쉽고 편안하고 부담없이 다가갈 수 있는 분으로 만드는 데 혈안이 됨으로써, 하나님을 온순하고 시시한 분으로 낮추어버린 것이다. 그 과정에서 우리는 너무도 중요한 무엇인가를 많은 부분 놓치고 말았다.

스스로 성경을 읽어보고 내게 이렇게 말하는 사람들이 있다. "이런 내용인 줄은 몰랐어요. 글쎄, 하나님이 변하시는 것 같아요. 구약성경의 하나님과 신약성경의 하나님이 다르네요." 어떤 친구는 내게 이렇게 말했다. "공포와 위협을 사용하시던 구약성경의 하나님께서 그게 통하지 않는다는 것을 아셨는지 신약성경에 와서는 부드럽고 온화해지신 것 같아." 겉으로 보기에는 그럴지도 모른다. 마치 시내산에서 천둥을 치시던 그 하나님이, 이제 예수님 안에서 만나는 신약성경의 하나님으로 변하신 것처럼 보일지도 모른다.

그러나 좀더 깊이 들여다보라. 진실을 말하자면, 하나님은 언제나 이러한 두 가지 측면과 차원을 동시에 가지고 우리에게 자신을 계시하신다는 사실이다. 이사야는 우리에게 신비롭고 강하신 하나님에 대해 힘있게 말하기도 하지만, 한편으로는 자신의 아이를 위로하는 어머니로서의 하나님에 대해 감동적으로 언급한다. 마르틴 루터는 하나님의 그 두 측면과 차원을 서로 대립되는 것으로 생각한 듯하지만, 루터처럼 로마 카톨릭 교회의 개혁자로 활약했던 존 칼빈은 그것의 의미를 이렇게 말했다. "그렇지 않다. 그 두 측면은 상호 보완적이다. 그 둘을 함께 고려할 때만 비로소 우리는 하나님을 온전히 이해할 수 있다."

C. S. 루이스도 그의 책 「사자, 마녀, 옷장」(The Lion, the Witch, and the Wardrobe, 바오로 딸)에서 이 문제와 씨름했는데, 아이들이 이해할 수 있는 수준으로 그것을 표현했다. 나르니아 연대기(the Chronicles of Narnia) 시리즈는 어떤 의미에서 작은 신학 교과서와 같다. 「사자, 마녀, 옷장」을 보면 비버 부부가 아슬란에 대해 루시와 대화를 나누는 장면이 나온다. 아슬란은 사자인데 하나님을 나타낸다. 루시가 말한다. "그가 무시무시하진 않은가요?" 그러자 비버 씨가 대답한다. "무시무시하지 않다니…누가 그런 말을 하더냐? 물론 그는 무시무시하신 분이

셔. 그렇지만 좋은 분이셔. 내가 말하지만, 그분은 왕이시지."

우리는 하나님에 대해 얼마나 정확하게 말할 수 있는가?

때때로 성경은 "아버지" "왕" "신랑" "전사" 같이 남성적인 용어들을 사용한다. 또 아주 가끔씩 성경은 여성적인 용어를 통해 하나님을 묘사하기도 한다. 그 경우에 하나님은 아내, 출산하는 어머니, 자신의 아이를 보호하는 어머니, 무서워하는 아이를 위로하는 어머니와 같은 분이다. 진실은 이렇다. 하나님에 대한 우리의 모든 언어는 제한적이고 부정확하고 심지어는 조야할 수밖에 없다. 하나님에 대한 우리의 언어는, 인간이 아닌 존재에게 인간의 특징을 부여하는 의인화된(anthropomorphic) 표현이 될 수밖에 없는 것이다.

남성적인 용어로만 하나님을 묘사하는 것은 옳은가? 반대로, 여성적인 용어로만 하나님을 묘사하는 것은? 물론 옳지 않다. 하나님에게는 성(gender)이 없다. 남성적 용어도 여성적 용어도 하나님을 적절하게 묘사할 수 없다. 내가 아는 대부분의 목사들은 하나님에 대해 정확하고 경건하고 신경에 거슬리지 않는 언어를 사용하려고 무척 애를 쓴다. 내 설교에서도, 내가 하나님에 대해 믿고 있는 바를 표현해주는 언어를 찾고자 노력한다. 그러나 이것은 더 많은 노력이 요구되는 영역이다. 아마도 시인과 신학자들의 공동의 노력이 필요할 것이다.

어떻게 우리는 하나님에 대해 말할 수 있는가? 아마 최선의 대답은, 간단히 말하자면 이것이 아닌가 생각한다. 하나님에 대한 인간의 모든 언어는 하나의 근사치일 수밖에 없음을 인식할 필요가 있다. 하나님은 우리가 그분을 묘사하기 위해 사용하는 언어들로 제한되는 분이 결코 아니시기 때문이다.

이런 이야기를 듣고 어떤 이들은 이렇게 말할 것이다. "글쎄, 왜 이렇게 복잡해야 하는 거지? 하나님이 어떤 분인지 좀더 단순하게 대답할 수 없는 건가? 인간은 늘 필요 이상으로 모든 것을 복잡하게 만드는 경향이 있어. 난 이런 단순한 신앙이 좋아. '예수님 날 사랑하심, 성경에 써 있네.'"

여기에 대해 나는 이렇게 말할 수밖에 없다. 증거를 보라. 내가 이 장에서 설명해온 것은 '하나님께서 어떻게 우리에게 자신을 계시하시는가'이다. 이는 결코 단순한 문제가 아니다. 우리가 삼위일체에 대해 이야기할 때까지 기다려보라. 삼위일체 역시 단순한 개념이 아니지만, 우리가 이 문제를 이해할 수 있는 한 가지 방법이다. 루이스의 표현을 빌리자면 "하나님은 무시무시한 분이다. 그렇지만, 그는 좋으신 분이다." 신비스럽게도 이 두 사상은 서로 맞물려 들어간다.

> 하나님이 모세에게 이르시되 나는 스스로 있는 자니라 또 이르시되 너는 이스라엘 자손에게 이같이 이르기를 스스로 있는 자가 나를 너희에게 보내셨다 하라.
>
> 출애굽기 3:14

성경 역사 초기에 하나님은 모세에게 자신의 이름을 계시하셨고, 그 때 이후로 하나님의 이름은 특별한 경외의 대상으로 여겨졌다. 사실 아무도 그 이름을 소리내어 말하지 않았다. 그래서 오늘날은 그 이름의 정확한 발음이 무엇인지조차 확실하게 아는 사람이 아무도 없을 정도가 되었다. 하나님의 이름이 히브리 성경에 등장할 때마다 정통 유대교인들은 경외감으로 인해 그 이름을 입에 담지 않고 대신에 "주님"이라고만 했다.

이러한 관습을 내가 처음 알게 된 것은 프린스턴신학교에서 히브리어를 배울 때였다. 학부의 유대인 학생들과 히브리어 수업을 함께 들은 적이 있는데, 우리는 하나님의 이름을 소리내어 말하지 않는 그들의 관습을 존중하여 그 이름이 나올 때마다 대신 "주님"이라고 말했다. 돌이켜보면 경외감을 표현하는 그 별 것 아닌 것 같은 행동이 내게 영향을 미쳤던 것이다.

  지금 생각해보면, 당시 나의 삶에 있어서 경외감을 표하는 것들이 그렇게 많지 않았다. 그러나 점차 나는 하나님께서 나를 사랑하실 뿐 아니라 내게 무언가를 요구하시는 분임을 인식하게 되었다. 이 하나님은—우리는 너무 가볍게 그분의 이름을 사용하지만—우주의 창조자, 보이는 것과 보이지 않는 모든 것을 창조하신 분이시다. 이 하나님의 얼굴은—우리는 그분의 임재하심을 당연시할 때가 많지만—천 개의 폭발하는 태양보다도 더 밝으시다. 이 하나님은 당신과 내게 무언가를 요구하시는 분이시다. 그리고 그것을 받으시기까지 결코 쉬지 않으시는 분이시다.

  만일 당신 자신이 지금, 그분의 임재 안에 있음을 문득 깨닫게 된다면 당신은 달라지지 않겠는가? 만일 당신이 하나님께서 지금 바로 여기에 당신과 함께 계심을 인식하며 살게 된다면, 당신의 삶과 행동은 달라지지 않겠는가?

  진실을 말하자면, 스스로를 그리스도인이라 부르는 사람들에게, 하나님은 바로 지금 여기서 그들과 함께 계시는 분이다. 당신에게는 어떠한가?

더 깊은 공부와 생각을 위한 질문들

- 신학자 셜리 거쓰리는 "하나님은 어떤 **것**(something)이 아니라 어떤 **분**(someone)이시다"고 말한다. 이 말이 당신과 당신의 신앙에 무엇을 의미하는지 설명해보라.
- 하나님에 대한 인간의 언어는 언제나 제한적일 수밖에 없다. 당신이 보기에 하나님을 표현하는 언어 가운데 이런 제한적인 성격이 두드러진 것들에는 어떤 것이 있는가? 어떤 단어들이 그다지 옳게 여겨지지 않는가? 그 이유는 무엇인가?

- 우리 삶의 경험은, 때때로 우리의 하나님 이해를 왜곡시키거나 영향을 미친다. 당신 삶에서 **당신의** 하나님 이해를 왜곡시키거나 영향을 미치는 경험을 하나 또는 그 이상 말해보라.

Remembering the Faith: What Christians Believe

하나님은 어떤 일을 하시는가

1부 창조

▎ "전능하사 천지를 만드신 하나님 아버지를 믿사오니"는 무엇을 믿는다는 고백입니까?

▎ 우리 주 예수 그리스도의 영원하신 아버지, 무로부터 천지와 그 안의 모든 것을 창조하신 분, 그리고 영원한 지혜와 섭리로 그것들을 지금도 지탱시키시고 다스리시는 분이, 그분의 아들 그리스도로 인해 나의 하나님이요 아버지가 되심을 믿는다는 고백입니다.

주의 날 9, 하이델베르크 교리문답, 1563

얼마 전 여름에, 소형 탐사용 차가 화성 표면 위를 느릿느릿 돌아다니며 흥미로운 사진들을 찍어 까마득한 이곳 지구로 보내온 적이 있었다. 그 사진들에서 내가 받은 가장 큰 인상은 우리가 살고 있는 이 **지구**가 얼마나 아름다운 곳인가 하는 것이었다.

사진으로 보는 화성은 너무도 춥고 황량하고 삭막한 장소였다. 그와 대조적으로 우리 집 뒤뜰은 다채로운 색깔들로 뒤덮였고, 생명 있는 동식물들로 가득했다. 최근에 있었던 그 화성 탐사는 내게 하나님의 창조 세계가 얼마나 아름다운 곳인가를 상기시켜주었다. 화성의 그 살벌한 아름다움과 우리 행성의 이 친숙한 아름다움이 극명하게 대비되었던 것이다. 애니 딜라드(Annie Dillard)의 책 「팅커 순례자」(*Pilgrim at Tinker Creek*)를 보면, "보기"(seeing)라는 제목이 붙은 장이 있다. 거기서 저자는 스물두 살 된 한 눈먼 여인에 대한 이야기를 들려준다. 그 여인은 시력 회복 수술을 받았고, 후에 붕대를 풀었다. 그러나 붕대가 벗겨지는 순간 너무도 강렬한 빛을 견딜 수 없어 즉시 눈을 감아버렸다. 그렇게 두 주일 동안이나 눈을 뜨지 않았다. 그러나 마침내 눈을 떴을 때, 그녀는 계속해서 이 말을 반복했다. "오 하나님, 이렇게 아름다울 수가. 오, 이렇게 아름다울 수가."

그 책 후반부에서 딜라드는 죽을 때 신앙인은 마치 멋진 저녁 파티를 떠날 때처럼 반응해야 한다고 적고 있다. 현관에서 배웅하는 주인에게 하는 것처럼 신앙인은 거듭해서 이렇게 말해야 한다. "감사합니다. 감사합니다." 이 세상에서 저 세상으로 옮겨가는 신앙인의 마지막 말은 마땅히 "감사합니다"이어야 한다.

그리스도인들이 예배를 드리는 것은 모든 것을 창조하신 하나님께 "감사합니다"를 말하기 위함이다. 하나님은 천지를 창조하셨고, 우리는 그것을 기억하기 위해 함께 모여 예배한다. 하나님이 존재하는 모든 것의 창조자이심을 기억하며 그 의미에 대해 함께 이야기를 나누고, 그것이 우리 삶에 주는 많은 의미들을 발견하기 위해서.

창조에 대해 참으로 많은 이야기를 할 수 있다. 신학의 역사를 살펴보면 이 한 가지 교리와 관련하여 너무나 많은 논의가 있어왔다. 사실 신학의 역사 속에서 이 창조 교리가 갖는 중요성은 아무리 강조해도 지나치지 않다. 기독교 윤리학이나 기독교 정치철학 등도 그 기원은 창조 교리에서 출발할 때가 많다. 왜냐하면 수세기에 걸쳐 신학자들은 하나님의 창조세계가 보여주는 분명한 패턴과 구조에 주목해왔고, 그들은 그 패턴 또는 구조로부터 인간과 인간의 삶을 향한 하나님의 뜻을 추론해왔기 때문이다.

> 하늘을 만드신 하나님,
> 바다를 만드신 하나님,
> 바위와
> 새와 나무를 만드신 하나님,
> 또한 당신은
> 나를 만드신 하나님
>
> 루시 쇼(Luci Shaw), "작은 노래"(*Small Song*)

이 장에서는 다만 몇 가지만 언급하도록 하자.

창세기의 처음 두세 장은 그동안 성경의 다른 어떤 장들보다 뜨거운 논쟁을 불러 일으켜왔다. 그것은 당연하다. 비록 해석에 있어서 그리스도인들 사이에 의견이 분분하긴 하지만 이 장들은 온통 중요한 의미로 충만해 있기 때문이다.

어떤 그리스도인들은 창세기 1장의 창조 기사(記事)는 본래 우주의 기원에 대한 **과학적** 묘사로 쓰여진 것이 결코 아니라고 말한다. 그들에 따르면, 그 창조 기사는 발생한 사건에 대한 보도 기사라기보다는 한 편의 시라고 할 수 있다. 그러나 대부분의 성경학자들은 창세기의 창조 기사는, 최소한 부분적으로는, 구약학자들이 흔히 "제사장 전승의 기자들"이라고 부르는 저자들의 지배적 세계관 내지는 우주론이 반영된 과학적 기사라는 데 의견이 일치한다. 즉, 그들은 그 당시 최고의 과학을 동원하여 그 기사를 썼다는 이야기다.

요즘 이와 매우 다른 접근을 취하는 그리스도인들도 있다. 그들은 그 창조 이야기를 매우 문자적인 방식으로 읽는다. 그들이 그렇게 문자적으로 읽는 것은, 그 본문을 역사적으로 정확하며 과학적으로 신뢰할 만하다고 믿기 때문이다. 다시 말해 그들은 우리가 성경의 권위와 정확성을 받아들이기 위해서는 현대 과학의 많은 가정들을 무시해야 한다고 말한다. 예를 들어 우주의 나이가 몇 십억 년이라는 과학적 가정은 창세기 첫 장에 기록된 기록과 모순되기 때문에 마땅히 포기되어야 한다.

내가 생각하기에는 이 두 가지 해석 모두 심각한 오류를 안고 있다. 첫번째 해석은 원저자들의 의도를 과소 평가하는 것이며, 두번째 해석은 그리스도인들과 현대 과학 사이에 불필요하고 불편한 갈등 관계를 만든다. 이 창조 기사를 읽는 또 다른 방법은 없는가? 나는 있다고 생각한다.

내가 믿기로, 성경 기자들의 목적은 우리가 **어떻게** 존재하게 되었는가가 아니라 우리가 **왜** 여기 있는가를 말하려는 것이다. 특별계시 장에서 언급했던 것처럼, 성경은 우선적으로 과학 교과서가 아니다. 성경이 우리에게 가장 유익이 되는 것은, 하나님이 누구이시며 하나님이 어떤 일을 하시는가를 우리에게 알려줄 때이다. 성경을—특별히 창조 이야기를— 문자적으로 읽는 또 다른 방식이 있는데, 그것은 바로 "본문의 명백한 의미"를 받아들이는 것이다.

가장 명백한 의미에서 볼 때 창세기의 창조 기사는 하나의 **선포**(proclamation)이다. 창조 이야기의 목적은 우리에게 좋은 소식을 가르치고 선포하려는 데 있다. 그 구절들을 통해 하나님은 자신이 누구이신지(따라서 우리가 누구인지)를 웅변적으로 말씀하고 계신다. 우리는 바로 이것이 창조 교리에 담긴 가장 중요한 단일 진리라고 믿는다. **하나님이 창조하셨다.** 이것이 모든 신앙인의 삶의 출발점이다. 또 이것은 인간 조건에 대한 모든 대화와 탐구—인간의 모든 생각—의 출발점이 되는 단일 진리이다.

하나님이 창조하셨다.

> 내가 이 세상에게 나의 하나님에 대해 묻자, 그것은 내게 이렇게 대답했습니다. "나는 그분이 아닙니다. 그분이 나를 만들었지요."
>
> 어거스틴, 고백록

많은 학자들은 창세기의 처음 장들은 바벨론 포로기 동안 쓰여졌거나 적어도 그 최종 형태가 그때 완성되었을 것이라고 말한다. 다시 말해 이 창조 이야기는 하나님의 백성이 다른 민족 군대에 정복당하고 낯선 땅으로 끌려가 살았던 시기에 쓰여졌다. 그 하나님의 백성들은 자신들의 정체성을 재발견하기를 원했다. 그때는 우리가 상상할 수 있듯이, 거의 모든 희망이 사라져버린 시기였다. 따라서 그 구절들은 이런 메시지를 전해주었다. "하나님이 천지를 창조하셨으며, 우리 하나님은 자신이 창조하신 것을 결코 버리지 아니하실 것이다." 이것이야말로 좋은 소식이었다.

그러나 그것이 전부는 아니다. 이 구절들은 또한 논쟁적이다. 이는 전투적인 말씀이다. 빛을 숭배하던 고대 민족 페르시아인들을 향해, 창조 이야기는 이렇게 말한다. "그렇지 않다. 하나님은 빛을 만드신 창조자이시다." 태양과 달과 별을 숭배했던 바빌로니아인들을 향해, 창조 이야기는 이렇게 말한다. "그렇지 않다. 그것들은 모두 하나님의 다스림을 받기 위해 존재하는 하나님의 종(피조물)일 뿐이다." 성과 다산력(多産力)을 신으로 삼았던 가나안인들을 향해, 창조 이야기는 이렇게 말한다. "그렇지 않다. 하나님께서 우리의 성과 다산력을 만드셨다. 성과 다산력은 신이 아니다. 그것들은 선물일 뿐, 신이 아니다." 자아와 자아가 원하는 것이면 무엇이나 숭배하는 현대 사회를 향해, 창조 이야기는 이렇게 말한다. "그렇지 않다. 하나님이 창조자이시며 우리는 피조물들이다. 우리는 우리 자신을 위해 살지 않고, 오직 하나님의 영광을 드러내기 위해 산다."

교회가 오랫동안 대항해 싸워온 이단 가운데 **범신론**(pantheism)이 있다. 범신론은 모든 것 안에 하나님이 있으며, 실질적으로는 모든 것이 하나님이라고 주장한다. 그런 생각에 맞서 창조 교리는 이렇게 말한다. "그렇지 않다. 창조자와 그분이 만드신 창조물은 엄연히 서로 다르다."

범신론과 유사한 것으로, 최근 다양한 그룹에서 가르치거나 토의되고 있으며 뉴에이지의 분위기가 깔려 있는 이른바 **범재신론**(panentheism) 사상도 있다. 그 주창자들의 기본적인 주장은 창조세계는 하나님의 연장(延長)—정신이 육체의 연장이듯이—이라는 것이다. 그들에 따르면, 모든 창조세계는 하나님 안에 있고 하나님이 창조세계를 둘러싸고 있다는 주장이다. 이 같은 사상과 가르침이 출현하고 그것에 사람들이 끌리는 이유는, 하나님의 본질에 대한 중요한 물음에 그것이 답을 주는 것처럼 보이기 때문이다. 그러나 오늘날 대부분의 기독교 사상가들은 범재신론은 하나님과, 하나님의 창조의 신비를 적절히 설명할 수 없다고 믿는다. 전통적으로 그리스도인들은 창조자와 창조세계, 하나님과 하나님이 창조하신 것 사이에는 근본적인 차이가 있으며 그 차이를 분명히 기억하는 것이 중요하다고 강조해왔다.

또한 전통적으로 그리스도인들은 **무로부터의**(ex nihilo) 창조를 강조해왔다. 즉 하나님이 창조하시기 전에는 아무것도 없었으며, 하나님이 모든 존재—영적 존재와 물질적 존재 모두—의 원천이라고 고백해왔다. 그리스도인들이 이 가르침을 늘 견지해온 이유 중 하나는, 그것이 하나님과 대적 관계에 있는 신 혹은 신들의 존재를 원천적으로 배제시켜주기 때문이다. 악은 실재한다. 그러나 그것의 기원은, 우리가 다음 장에서 보겠지만, 창조세계 자체 안에 있다.

이원론(dualism)은 그리스도인들이 씨름해온 또 다른 이단이다. 이원론은 실재를 영적 요소와 물질적 요소로 나누는데, 이원론자들에게 있어서 영적인 것은 모두가 좋은 것이며 반면에 물질적인 것은 모두 피해야 할 것들이다. 이원론자에게 구원은 물질적인 것으로부터의 도피로 이해되곤 한다. 그러나 창조 교리는 하나님이 모든 것—영적인 것과 물질적인 것 모두—을 창조하셨으며, 그것들을 보시고 모두가 좋다고 말씀하셨다고 강조한다. 앞에서 언급한 것처럼, 하나님은 모든 것을 창조하셨을 뿐 아니라 이 땅의 것들을 통해 우리에게 실재로 다가오시는 분이다. 나중에 살펴보겠지만, 하나님은 예수라는 인물을 통해 우리에게 실재로 다가오셨다. 물질적인 것의 중요성을 깎아내리기는커녕 하나님은 그 모든 것에 놀라운 가치를 부여하신다. 우리 인간은 그 모든 것들을 돌보라는 의무를 하나님께로부터 부여받았다.

이제 다른 이야기로 넘어가보자. 창조 기사에서 우리가 만나는 하나님, 우리가 관계를 맺고 있는 하나님은 다름아닌 우리를 기쁘게 맞으시는 하나님이며, 그 창조의 하나님은 우리를 넉넉히 맞으시는 하나님이다.

가끔씩 나는 입교 학습반 학생들에게 하나님이 천지를 창조하신 이유가 무엇이라고 생각하는지 물어본다. 그들에게서 가장 자주 듣는 대답은—한번 추측해보라—하나님이 외로우셨기 때문이라는 것이다. 함께 대화할 누군가가 하나님에게 필요했기 때문이라는 것이다. 그들이 어디서 그런 생각을 갖게 되었는지는 잘 모르겠지만, 추측컨대 아마 청소년 특유의 정서가 하나님께 투사된 것이 아닌가 생각한다.

하나님은 외롭지 않으셨다. 하나님은 채워지지 못한 내적 필요들을 만족시키기 위해 우주를 창조하기로 결정하신 것이 아니다. 창조 교리가 우리에게 가르치는 바는, 하나님은 자신의 영광을 함께 나누기를 기뻐하신다는 사실이다. 하나님께서 창조하시는 이유는 하나님은 창조적인 분이시기 때문이다. 화가가 왜 그림을 그리는가? 가수가 왜 노래를 부르는가? 시인이 왜 시를 쓰는가? 그렇게 하는 것은, 그것이 그들의 내적 본성이기 때문이다.

하나님은 할 수 없이 세상을 창조하신 것이 아니다. 창조는 자유로운 은혜의 행위다. 창조는 선물이며 은총이다.

다니엘 밀리오리, 「기독교 조직신학 개론」

창조세계를 볼 때 우리는 하나님에 대해 또 다른 무언가를 배운다. 하나님은 모험가이시다. 하나님은 우리와 이 세계를, 반란을 일으킬 가능성이 있는 존재로 창조하셨다. 하나님은 우리에게 이 창조세계 안에서 우리 자신일 수 있는 완전한 자유를 주셨고, 우리 인간들은 그 선택권을 행사해왔다. 악이 어디로부터 왔는지에 대해서는 다음 장(섭리)에서 이야기할 것이다. 지금으로서는 하나님은 반란의 위험을 기꺼이 감수하기로 하셨다는 사실에 주목하는 것이 중요하다. 이는 하나님의 본질에 대한 놀라운 통찰이다.

16세기에 안드레이 루블로프(Andrey Rublyov)는 지금까지도 유명한 성상(聖像)을 그렸다. 아마 당신은 미술사 시간에 그것을 보았거나 공부했을지도 모른다. 식탁 주위에 천사처럼 보이는 세 인물들이 앉아 있는데, 그들은 각각 성부와 성자와 성령을 나타낸다. 그 그림을 보면 성자가 우리를 향해 보시며 손짓하고 계신다. 실제로 성부와 성령 사이에 공간이 있어서, 그 그림을 묵상하는 사람은 마치 자신이—이것이 중요한데—그 식탁에 동참하라는, 하나님의 삶에 참여하라는 초대를 받고 있는 듯한 느낌을 받는다.

이것이 바로 창조가 하는 일이라고 나는 생각한다. 즉, 창조는 우리를 초대한다.

> 창조자 하나님은 그리스도 안에서 약속된 새 창조를 향해 모든 만물 안에서 일하고 계신다.
>
> 신앙선언문, 1985 (미국장로교회: PCUSA)

창조 교리는, 비록 우리가 피조물이지만—연약하고 상처 입기 쉬우며, 온갖 재난에 노출되어 있는 존재—그럼에도 불구하고 하나님께 속해 있는 존재임을 우리에게 가르쳐준다. 우리 삶은 하나의 선물이며, 그 선물은 하나님에 의해 지탱되고 보존된다. 왜? 하나님은 자신의 창조세계를 사랑하시기 때문이다. 하나님은 당신과 나, 존재하는 모든 것에 대해 열정을 갖고 계신다. 하나님은 우리에게 예배를 드리라고, 그 찬양에 참여하라고 초대하고 계신다. 물론 우리에게는 그렇게 하지 **않을** 자유가 있다. 그러나 늘 우리는 초대받고 있다. 궁극적으로 말해서, 우리는 그 초대에 응하라고 창조된 존재들이다. 창조는 우리를 응답으로 초대한다.

모처럼 여행을 위해 나는 달라스—포트 워쓰 공항에서 비행기에 탑승해 있었다. 기내는 만원이었고 모두가 안전벨트를 착용한 상태였으며 비행기는 서서히 움직일 채비를 하고 있었다. 몇 시간 동안 조용히 책을 읽을 수 있다는 기대감에 나는 무척 즐거운 기분이었다. 그런데 갑자기 어디선가 연기 냄새가 나기 시작했다. 순간 나는 "항공에 대한 연방법규를 모르는 양반이 있는 모양이군" 하고 생각했다.

그러나 곧이어 통풍 구멍을 통해 연기가 마구 쏟아져 들어오기 시작했고, 순식간에 비행기 안 전체가 연기로 가득 차서 아무것도 볼 수 없었다. 객실 승무원이 "빨리 밖으로 나가십시오! 짐은 놔두고 빨리 나가세요!"라고 외치는 소리가 들렸다. 출구가 열렸고, 사람들이 우르르 몰려들기 시작했다. 질서가 지켜질 리 만무했다. 비명을 지르고 서로 밀치며 소란이 벌어졌다. 내가 넘어져 깔릴지도 모른다는 생각이 들 정도였다. 비록 순간이었지만, 지시사항을 어기고 머리 위 짐칸에서 가방을 꺼낼까 하는 생각도 들었다. 그러나 곧 이렇게 혼자 중얼거렸다. "아무것도 손에 든 것 없이 이 세상에 왔으니, 떠날 때도 그래야겠지."

그러나 나는 살아 남았고, 이렇게 글을 쓰고 있다. 그 당시 심하게 놀란 사람들은 몇 명 있었지만 다행히 부상자는 아무도 없었다. 그러나 나는, 살면서 한두 번 정도 갖게 될까 싶은 이런 생각을 그때 가졌었다. "그래, 이제 나는 끝났어."

그러므로 이 글을 쓰고 있는 이 순간, 내게 절실하게 밀려오는 감정은 감사의 마음이다. 이 같은 감사의 마음이 든 것이, 단지 비행기 사고에서 죽은 수많은 사람들과는 달리, 신비롭게도 내 경우 하나님이 창조 세계에 개입하셔서 목숨을 구해주셨기 때문은 아니다. (하나님의 섭리는 이런 것이 아니다.) 내가 지금 감사하는 것은, 창세기 처음 장들에서 언급된 창조 이야기를 통해, 하나님께서 나의 생명이 당신의 선물이라는 사실을 다시 한번 기억할 수 있도록 인도하셨기 때문이다. 우리의 생명은 때로는 길고 때로는 짧다. 그러나 그 어떤 경우에서도, 그것은 놀랍도록 아름다운 그분의 선물인 것이다.

하나님께서 우주와 그 안에 있는 우리 모두를 창조하셨고, 그 모두를 보시기에 좋다고 말씀하셨다. 하나님은 **우리를** 보고 특별히 좋다고 말씀하셨다. 하나님은 창조세계에 목적을 주셨고, 하나님은 **우리에게** 목적을 주셨다. 그 창조 목적은 하나님을 영화롭게 하는 것이다.

오래 전 웨스트민스터 요리문답이 언급한 것처럼, "인간의 가장 큰 목적은" 하나님을 영화롭게 하고 그분을 영원토록 즐거워하는 것이다.

만일 당신이 하나님을 영화롭게 하는 것이 무슨 뜻이냐고 내게 묻는다면, 전에 한 신학자가 언급했던 이 말을 들려주는 것이 최선의 대답이 될 것이다. "우리는 살아 있음으로써, 충만하게 살아 있음으로써, 창조된 모습 그대로 온전하게 됨으로써, 하나님을 영화롭게 한다."

하나님은 당신에게 삶을 선물로 주셨고, 이제 그것에 대해 당신이 응답하며 **감사합니다**를 고백하기를 기다리고 계신다. 하나님께서는 당신이, 담대함과 용기와 감사하는 삶을 살아가기를 기다리고 계신다. 천지를 창조하신 그 하나님은 우리를 환영하고 환대하시는 하나님이신 것이다.

창조세계를 볼 때 **당신은** 어떻게 반응하고 있는가?

더 깊은 공부와 생각을 위한 질문들

- 어떤 그리스도인들은 성경의 창조 기사와 현대 과학의 견해는 서로 충돌한다고 믿는다. 당신은 동의하는가? 그 이유는 무엇인가? 동의하지 않는다면, 그 이유는 무엇인가?
- 하나님께서 "천지를" 창조하셨다는 것이 왜 중요한가? 하나님과 창조세계가 서로 구별되고 구분된다는 것이 왜 중요한가?
- 창조에 대해 하나님께 감사하는 일 가운데 하나는, 진정으로 당신의 삶을 선물로 받아들이는 것이다. 당신은 그렇게 하고 있는가?

Remembering the Faith: What Christians Believe

하나님은 어떤 일을 하시는가

2부 섭리

▍하나님의 섭리란 무엇입니까?
▍섭리란 하나님의 전능하시고 편재하신 능력으로서,
그 능하신 팔로 그분은
하늘과 땅과 모든 창조물들을 지탱하시며
그것들을 다스리시기에,
잎과 잎사귀
비와 가뭄
풍년과 흉년
먹을 것과 마실 것
건강과 질병
번영과 빈곤 -
이 모든 것이, 사실은
우연이 아니라
아버지 하나님의 손으로부터 우리에게 옵니다.

주의 날 10, 하이델베르크 요리문답, 1563

내가 성경을 러브스토리라고 말한다면, 어쩌면 당신은 내가 성경을 하찮은 로맨스 소설 정도로 치부하려 든다고 생각할지 모르겠다.

혹은 성경 중에서 사랑 이야기로는 도저히 볼 수 없는 부분들을 언급하며 이렇게 말할지도 모르겠다. "그럼, 노아의 홍수 이야기는 뭡니까?" "하나님이 이스라엘 백성에게 전쟁을 벌여서 상대편 도시와 그 안에 있는 사람들을 모조리 멸하라고 하신 경우는 다 뭡니까?"

우리들은 반증들을 찾아내는 데 대단한 재주가 있는 것 같다. 그건 좋다. 우리의 믿음은 곤란한 질문들과도 맞설 수 있어야 한다. 그러나 이 장에서 나는 당신에게 성경을 사랑 이야기로, 하나님이 자신의 창조 세계와 자신의 백성들과 맺으신 사랑의 관계에 대한 기록으로 볼 것을 권하고 싶다.

요즈음 성경이 싸구려가 된 예로 말하자면 요한복음 3장 16절에 버금가는 것도 없다. 그 구절 자체가 그렇다는 것이 아니라 그 쓰임새가 그렇다는 말이다. 골프 토너먼트나 풋볼 게임 등이 열릴 때면 꼭 등장하는 광경이 있다. 이번 주말에도 어떤 스포츠 행사장에 가보면 별안간 누군가가 "요한복음 3:16"이라고 쓰여진 피켓을 높이 치켜드는 광경을 목격하게 될 것이다.

그러나 나는 지금 그 특정 방식의 전도에 대해서가 아니라 그 구절 내용에 대해 말하려는 것이다. 그 구절은 이렇게 시작된다. "하나님이 세상을 이처럼 사랑하사 독생자를 주셨으니…." 누군가를 전도하려는 사람에게 있어서 이 구절만큼 처음 꺼내기에 더 좋은 메시지는 없을 것이다. 그러나 현실을 말하자면 그 구절은 사실 요즘에 별 효과를 보지 못한다. 하나님은 자신이 창조하신 이 세상을 사랑하시고, 당신과 나를 사랑하신다. 이것은 진리이건만, 요즈음 대부분 사람들은 이것을 믿기를 대단히 어려워하고 있다.

최근에 가장 뜨고 있는 주간 TV 프로그램들 중에 '천사와의 만남'(Touched by an Angel)이란 것이 있다. 아마 당신도 본 적이 있을 것이다. 어쩌면 열성 팬인지도 모르겠다. 매주 수백만 명이 시청하는 이 프로의 절정은, 어느 시점이 되면 나오는 (**언제** 나오느냐가 흥미를 자아내는 요소다) 짜릿한 대목에 있다. "하나님이 당신을 사랑하신다"가 바로 그것이다. 매주 이 메시지는 특정 에피소드의 주인공의 마음을 온통 뒤흔들어놓는다.

전에 '천사와의 만남' 제작자가 인터뷰하는 모습을 본 적이 있다. 어떻게 종교성이 역력한 프로가 TV 방송을 탈 수 있었는지에 대한 통상적인 질문과 대답이 먼저 있었고, 다음에 "하나님이 당신을 사랑하신다"는 대목에 관한 질문을 받았는데, 그 제작자에게서 아주 흥미로운 대답이 나왔다.

그녀의 말은 내게 충격을 주었다. 그녀의 말인즉—나 역시 동의하는 바—우리 모두에게는 자신이 사랑 받고 있음을 알고자 하는 갈망이 있다는 것이다. 사랑 받고자 하는 것은 우리 마음속 가장 깊은 갈망들 가운데 하나이다. 그러나 우리는 사랑을 발견하거나 만나게 되더라도 그 사랑을 받아들이기를 무척 어려워한다는 것이다. 그녀의 인상적인 표현에 따르면, 결국 이 프로가 사람들에게 주고자 하는 메시지는 이것이다. "하나님이 당신을 사랑하신다, 이것을 꼭 붙들어라."

| 하나님의 사랑과 능력이란 무슨 의미입니까?
| 예수 그리스도를 통해, 즉 그분의 자애로운 삶, 십자가의 죽으심, 죽은 자들 가운데서의 부활하심을 통해 나는 세상을 향한 하나님의 사랑이 얼마나 큰가를 봅니다. 우리를 위해 기꺼이 고통받으시나, 모든 것을 이겨내는 그 강인한 사랑을.

학습 요리문답, 1998 (미국장로교회: PCUSA)

당신은 그것을 믿는가? 정말로 믿는가? 당신은 하나님이 당신을 사랑하심을 믿고 있는가?

지난주에 나는 누구에게 이 말을 해준 적이 있다. "하나님이 당신을 사랑하십니다." 그 말을 나는 아무 때나—가령 식품점 계산대 앞에 줄서 있을 때—내뱉지 않고 적절하다고 판단되는 순간을 기다린다. 나는 그때 나와 대화를 나누고 있던 그 사람에게 이 말을 해줄 필요가 있음을 느꼈고, 그래서 기회를 잡아 말했다. "하나님이 당신을 사랑하십니다." 그러나 그녀는 스스로를 사랑 받을 만하다고 느끼지 못했다. 적어도 나의 추측은 그랬다. 그러면서 적의는 없었지만 아주 냉랭하게 이렇게 말했다. "하나님이 우리를 사랑하신다면 어째서 이 세상에는 이토록 고통이 많은 건가요? 왜 아이들이 병에 걸려서 죽나요? 만일 하나님이 우리를 사랑하신다면, 어째서 그런 일들이 끊임없이 일어나는 거죠?"

그 순간에, 나는 왜 섭리 교리가 지금 우리 세상에서 이렇게 냉대를 받고 있는지 깨달았다. 하나님이 창조하시고 사랑으로 존재케 하신 이 세상을 그분은 지속적으로 돌보시고 지극한 관심을 기울이신다고 말하면, 분명 누군가는 이렇게 응수해오기 마련이다. "오, 그래요? 그렇다면 왜 이렇게 나쁜 일들이 끊임없이 일어나는 거죠?"

「기독교 조직신학 개론」에서 다니엘 밀리오리는 테네시 윌리엄스 (Tennessee Williams)가 희곡 작품에서 이 문제를 극화했던 것을 언급한다. '지난 여름에 갑자기'(Suddenly Last Summer)라는 작품을 보면, 하나님을 찾고 있는 것이 분명한 세바스찬이라는 이름의 한 어린 소년이 등장한다. 어느 날 그 소년은 막 알을 깨고 나온 바다거북이들이 오직 살기 위해서 바다를 향해 힘겹게 기어가고 있는 모습을 지켜보고 있었다. 그러나 바로 그때 무지하게 큰 새들이 나타나 그 조그만 바다거북이들을 내리 덮쳐서는 단숨에 집어삼켜 버린다. 무척 인상적으로 묘사된 이 장면에서, 그 대학살 광경을 목격한 세바스찬은 병적인 흥분 상태에 빠져 어머니에게 이렇게 말한다. "이제 나는 그분을 봤어요!"

그분이란 물론 하나님을 말하는 것이다.

테네시 윌리엄스와 그와 동일한 생각을 가진 이들에 따르면, 우리는 잔인성과 부정의의 증거를 발견하기 위해 굳이 이 세상의 먼 곳까지 가볼 필요가 없다. 벌써 자연 자체가 무자비한 폭력성을 보여주고 있기 때문이다. 많은 사람들이 보기에 하나님은 분명 무심하신 분이다. 그렇지 않다면 어떻게 하나님이 이런 일들이—더 심한 일들도— 벌어지는 세상을 만드실 수 있단 말인가?

신학자 셜리 거쓰리는 이 문제—악의 존재, 그의 표현에 따르면 "창조의 어두운 면"—가 기독교 신앙에 있어서 대단히 "심각한 위협"임을 인정한다. 나 역시 동의한다. 만일 우리가 우리의 신앙에 대해 진지하다면, 만일 우리가 이 세상 속에서 하나님의 백성으로 살아가는 일에 진지하다면, 당신과 나는 이러한 도전에 대한 대답을 준비하고 있어야 한다. 우리는 우리가 무엇을 믿고 있는지를 알고 있어야 한다.

악의 문제는 창조 자체만큼이나 오래된 문제이다. 창조는 하나님이 악을 창조하신 것이 아니라고 말한다. 사실, 우리가 확실히 알고 있는 것은 그것만큼이다. 하나님은 결코 악을 창조하거나 악을 발생시키지 않으셨다. 이것은 아무리 강조해도 지나치지 않다. 하나님은 오늘날 이 세계에 존재하는 어떠한 악의 원천도 아니시기 때문이다.

한 걸음 더 나아가 보자. 하나님은 애초에도 악을 창조하지 않으셨고, 지금도 악을 창조하지 않으신다. 이따금씩 어떤 그리스도인들이 좋은 의도이긴 하지만 (특히 비극적 사건이 일어났을 때) "틀림없이 하나님은 어떤 이유가 있어서 이렇게 하시는 거야" 하고 의문을 갖는다. 그러나 결코 하나님은 우리 삶에 악이나 질병이나 고통을 보내시는 분이 아니다.

첫 장에서 말한 내 친구 제인은 병원 방문 때마다 단 한번도 자신의 병을 하나님 탓으로 돌린 적이 없다. 그녀에게 있어 병은 분명 하나의 시험이었지만, 또한 신앙의 힘겨운 질문을 던지는 계기가 되었다. 그러나 그녀는 하나님께서 신앙을 성숙시키기 위해 자신에게 암을 주셨다고 믿지 않았다.

하나님은 그런 방법으로 우리를 시험하시는 분이 아니다. 하나님은 인간들이 얼마나 고통을 견딜 수 있는지 알아보기 위해 실험하시는 분이 아니다. 하나님은 그런 일을 하시지 않는다. 당신은 그런 하나님을 생각할 수 있는가? 아니다. 우리가 믿는 하나님은 결코 그런 분이 아니다.

▎하나님의 섭리란 무슨 뜻입니까?
▎하나님은 세상을 보존하실 뿐 아니라, 지혜롭고 자애로운 돌보심을 통해 지속적으로 다스리고 지탱시키심으로, 그것을 보살피고 계십니다 … 특히 하나님은 악을 선으로 바꾸심으로 세상을 섭리하시는데, 하나님께서 최종적으로 선으로 바꾸시지 않을 악은 그 어떠한 것도 발생하도록 허락되지 않습니다.

학습 요리문답, 1998 (미국장로교회: PCUSA)

우리는 하나님을 우리를 사랑하시는 부모로 생각한다. (하나님에 대한 우리 언어에는 언제나 한계가 있을 수밖에 없음을 기억하면서.) 그렇다면 생각해보라. 세상에 어떤 부모가 자식에게 고통을 주려고 하겠는가? 어떤 부모가 자기 아이에게 인내심과 믿음이 얼마나 되는지를 알아보기 위해 그 아이를 시험하겠는가? 말도 되지 않는다. 그렇지 않은가? 자녀들을 의도적으로 고통스럽게 하거나 고통을 가한다는 것은 부모의 심정과는 완전히 어긋난다. 웬만한 부모라면 자녀들에게 어떻게든 가장 좋은 것을 주려고 하며, 필요하다면 아이들을 위해 자신의 목숨까지도 기꺼이 희생하려고 하는 게 부모의 마음이다. 이것이 부모인 **우리의** 본능일진대, 하물며 우리를 향하신 하나님의 심정은 어떠하시겠는가. 다만 상상해볼 수 있을 뿐이다.

또한 그리스도인들은 이렇게 주장한다. 악은 실재(real)이다.
당신은 이미 경험을 통하여 알고 있기 때문에 굳이 상기할 필요가 없을 것이다. 그러나 조금이라도 의심이 생길 경우를 대비해 말해두지만, 악은 지금도 이 세상 가운데 강력한 세력으로 존재하고 있으며, 거의 태초로부터 이 세상 속에서 하나의 실재로 존재해왔다. 어떤 식으로든 악의 영향을 받지 않고 살았던 인간은 지금까지 아무도 없었다. 인간 누구나 어떤 모양과 형태로든 악을 알고 있으며, 그것에 대해 익숙하다.

악은 어디로부터 왔는가? 아무도 모른다. 창세기 3장의 타락 기사가 악의 기원에 대한 성경 기사이기는 하지만. 다만 우리가 확실히 알고 있는 것은, 하나님이 창조하신 이 세상은 적어도 악에 대한 잠재성은 가지고 있다는 사실이다. 이것을 아는 것은 매우 중요한데, 조금 달리 표현해보면 이렇다. 자신이 창조하실 수 있었던 모든 세상들 가운데서 (창조를 시작하시기 전 여러 모양의 설계도를 살펴보시고, 그것들 모두를 일일이 체크하시며 장단점을 가늠해 보셨을 하나님의 모습을 상상해보라) 하나님께서는 당신과 내가 도덕적으로 자유로운 존재가 되는 그런 세상을 선택하셨던 것이다.

하나님은 우리 인간들에게, 사랑할 수도 있고 사랑하지 않을 수도 있는 자유가 주어지는 세상을 창조하기로 선택하셨다. 사랑할 것인가 말

것인가는 우리의 선택이다. 따라서 우리가 믿기로는, 오늘 우리 세계에 존재하는 악의 많은 부분이 우리 인간의 선택(혹은 과실)의 결과이다. 이것을 아는 것은 매우 중요한데, 가히 인간 스스로 악을 초래했다고 말할 수 있고 또 지금도 우리는 그렇게 말하고 있다. 듣기에 유쾌한 말은 아니지만 이것은 사실이다. 우리 스스로 초래하는 악의 예로는 자신의 건강에 해를 끼치는 생활양식을 택하는 것, 생태계의 재난을 가져오는 산업 "사고" 등을 들 수 있을 것이다.

그러나 인간의 선택이 이 세상 모든 악의 존재를 설명해주는 것은 아니다. 예를 들어, 인간의 선택의 관점에서는 허리케인과 지진과 기근이 왜 발생하는지 충분한 설명은 되지 못한다. 그러한 악의 범주를 신학자들은 "자연적 악"이라고 말하기도 한다. (토네이도 자체를 악이라고 할 수 없겠지만, 그러나 그것이 가져오는 아픔과 고통은 분명 하나님의 섭리적 돌보심에 대한 도전이다.) 또 질병 같은 자연적 악의 존재에 대해서도 인간의 선택은 설명이 되지 못한다. 악에는 우리가 설명할 수도 알 수도 없는 것들이 많이 있다. 악에는 지금까지 신비로 남아 있고 또 계속해서 신비로 남아 있을 것들이 많이 있다.

이러한 신비를 설명해보려는, 또는 최소한 이해는 해보려는 시도 가운데 최근 어떤 신학자들은 하나님의 능력에는 한계가 있다고 주장하기도 한다. 우리의 삶에 개입할 수 있는 능력을 **가지셨음에도** 불구하고 그렇게 하지 않기로 선택하시는 하나님을 믿기 어려웠던 그들은, 하나님의 능력에는 사실 한계가 있을 것이라고 추측하는 것이다. 이러한 신학자들에 따르면, 하나님은 창조세계 속으로 들어가 악들이 발생하지 못하도록 하기 원하시는 분이지만, 그러나 그렇게 할 수 있는 능력이 그분에게 없다는 것이다.

의도적으로 자신의 힘을 제한하는 예로 부모의 경우를 들 수 있다. 아이를 낳은(이는 일종의 창조이다) 부모는 그 아이에게 여지를 주기 위해 스스로를 제한할 때가 자주 있다. 사실 우리는 부모가 아이들에게 여지를 주기를, 그들이 스스로 성장할 수 있도록 놔두기를, 설령 심각한 실수를 저지르더라도 그들을 그저 지켜만 볼 것을 **기대**한다. 간섭할 때와 그냥 내버려둘 때를 결정하는 일이 부모노릇 중 가장 어려운 부분일 때가 많다. 하나님과 우리의 관계도 이와 유사하지 않을까? 물론 분명하게는 모른다. 어떤 이들은 하나님의 능력에 한계가 있다는 주장에 무척 곤혹스러워한다. 그러나 전능하심에도 불구하고 창조세계가 고통을 겪을 때 아무런 행동을 취하지 않으시는 것처럼 보이는 그런 하나님 역시 곤혹스러운 질문들을 야기한다.

아마 이 정도는 말할 수 있을 것이다. 우리가 삶 속에서 경험하는 악, 우리가 힘겹게 씨름하는 악, 이 악들은 결코 우리를 향하신 하나님의 뜻이 아니다.

우리를 향한 하나님의 뜻은 그 정반대이다.

> 죄만 따로 놓고 말하는 것, 곧 죄를 창조와 은혜의 실재들로부터 떼어낸 채 말하는 것은 하나님의 확고한 뜻이 무엇인지를 망각하는 것이다. 하나님은 샬롬을 원하시고, 그것을 되찾기 위해 어떠한 대가도 치르려 하신다. 인간의 죄는 완강한 것이지만, 그러나 하나님의 은혜만큼은 완강하지 않으며, 그 반만큼도 완강하지 못하며, 고통을 대가로 치를 각오가 그 반만큼도 되어 있지 않다.
>
> 코넬리우스 플랜팅가 2세(Cornelius Plantinga Jr.),
> 「마땅한 길에서 어긋난」(Not the Way It's Supposed to Be)

성경에 기록된 역사의 서두를 보면, 악이 등장하자마자 하나님은 한 계획을 준비하셨다. 우리가 믿는 바처럼 하나님은 태초부터 지금까지 그분의 창조세계를 본래의 "샬롬" 상태로, 그 본연의 모습대로 새롭게 회복시키시고자 일하고 계신다. 섭리 교리는 하나님의 그 노력에 대한 역사 혹은 기록에 다름 아니다. 한 예로, 하나님은 언제나 가난한 이들과 억눌린 자들의 편에 서 오셨다. 이 장 서두에서 내가 성경을 러브스토리라고 표현한 것도 그 이유 때문이다. 하나님은 우리를 찾아오시고, 관계를 회복하시고자 우리에게 구애하시며, 이 세상 속에서 일하고 계신다.

최근에 나는 카톨릭 신학자인 도나 아이어트(Donna Ayert) 수녀가 우리를 향하신 하나님의 사랑에 대해 예전에 미처 깨닫지 못했던 면들을 언급한 것을 들은 적이 있다. 나는 하나님을 부모와 같은 분이라고 말한 바 있지만, 성경은 또한 하나님을 연인과 같은 분—타오르는 열정으로 우리를 쫓아다니시고, 우리를 원하시며, 우리를 갈망하는 연인—으로 비유하기도 한다. 아이어트는 아가서를 인용하는데, 이 책은 예배시간에 그다지 자주 읽히지 않는다. 아마 노골적인 성적 이미지가 자주 등장하는 그 내용이 우리를 당혹스럽게 만들기 때문일 것이다. 그러나 그 책에는 오래 묵상할 만한 깊은 의미가 들어 있다. 만일 우리가 그 책의 내용을 우리와 하나님과의 관계에 대한 것으로 본다면 어떻겠는가? 인간과 창조세계에 푹 빠지신 하나님이 그 모두를 열광적으로 사랑하고 계신 이야기로 본다면? 사실 우리는 성경 전체를 다분히 짝사랑 이야기로 읽을 수 있다.

당신은 어떻게 생각하는가? 어떤 이들에게는 이것이 하나님에 대한, 우리를 향하신 하나님의 뜻에 대한 전혀 새로운 시각일 수 있다. 만일 하나님이 자신의 창조세계와 사랑에 빠져 계신다면, 그분께서 이 창조세계를 그냥 방관하시지 않을 것은 조금도 이상할 것이 없다. 이 창조세계를 되찾고 되돌리기 위해 하나님께서 어떠한 장애도 마다하지 않으시는 것 역시 조금도 이상할 것이 없다. 우리 하나님은 놀라울 정도로 자신의 창조세계에 대해 넘치는 열정을 갖고 계시며, 그것에 대해 너무도 깊은 사랑에 빠져 계시기에, 그것을 되찾기 위해서라면 그분은 어떠한 일도—필요하다면 스스로 낮아지는 일도—감수할 용의를 갖고 계신다.

크리스마스(이에 대해서는 성육신 장에서 말할 것이다)는 성경이 말하는 바, 하나님이 자기를 비우신 이야기이다. 하나님은 모든 것, 우리가 중요하게 여기는 모든 것을 포기하셨다. 우리를 향하신 사랑 때문에 그 모두를 내려놓으신 것이다. 전부를 버리셨다. 힘, 특권, 지위, 안정, 안락함, 영광—예수님의 탄생을 통해 하나님은 그 모두를 버리셨던 것이다. 당신은 이것을 어떻게 설명하겠는가? (논리로는 이해할 수 없다.) 하나님은 자신의 창조세계에 대해 열정을 갖고 계시며 그것과의 로맨스를 원하신다는 것 외에 다른 설명이 있을 수 있겠는가?

로맨스는 내 전문이 아닌 주제이다. 여기에 대해 나는 무능함을 절감할 때가 많다. 그러나 로맨스에 관한 기본적 사실들에 대해서는 나도 얼마간은 알고 있다. 그 기본적 사실들 중 하나는, 상대에게 "당신을 사랑합니다"라고 말하기 위해서는 자신의 마음을 여는 상당한 용기가 필요하다는 것이다.

창조세계를 되찾는다, 악의 세력으로부터 그것을 건져낸다, 그것을 본래적 "샬롬" 상태로 회복시킨다는 등의 말을 들을 때 **우리에게** 자연스럽게 떠오르는 그림은 아마도 선과 악의 세력이 서로 우주적 전쟁과 권력 투쟁을 벌이는 모습일 것이다. 즉 우리는 하나님께서 행하시는 일을 세상 속에서 악을 제압하시는 것쯤으로 상상할 것이다. 사실 성경에는 이것에 대한 증거가 다소 있기는 하다. 우주적 전투나 영적 전쟁에 대한 언급들이 그것이다. 그러나 성경을 더 깊이 읽어보면 이와 전혀 다른 시각을 갖게 된다.

창조세계를 되찾고 모든 것을 다시 바로 잡으시기 위한 하나님의 계획은 창조세계 속으로 들어가셔서 그것의 일부가 되는 것이었다. 하나님의 임재는, 좋은 시간들이 아니라 최악의 고통과 고난을 당하는 시간에 가장 깊이 느껴질 때가 많다. 하나님은 악을 진압하심으로써가 아니라 악을 선으로 바꾸심으로써 자신의 힘을 드러내실 때가 더 많다(창 50:20).

예수님 이야기가 바로 그것이다. 결정적 전투를 통해 악을 멸망시키시는 대신—하나님에 대한 우리의 강력한 기대는 그런 것이지만—기독교 신앙의 하나님은 약해지시기로, 한 가난한 젊은 여인에게서 태어나시기로, 가난한 환경에서 성장하시기로, 삶이 가져오는 모든 아픔과 실망을 경험하시기로, 그러다가 마침내 로마 정부의 손에 죽임을 당하시기로 결정하셨다. 예수님의 삶과 죽음과 부활은 하나님께서 우리에게 상처를 면해주심으로써가 아니라, 우리와 더불어 상처를 함께 나누심으로써 자신의 능력을 드러내신다는 사실을 가르쳐주신다.

왜 하나님이 그렇게 하셨는가를 내게 묻는다면 나는 모른다고 말할 수밖에 없지만, 어느 정도 추측은 해볼 수 있다. 아마도 우리 삶에 있는 악의 힘을 깨뜨리는 유일한 길은 그것과 정면으로—그 자체대로—부딪치는 것이고, 세상을 진정으로 변화시키는 유일한 길은 스스로 약해지는 것이며, 추측일 뿐이지만 하나님께서 우리 마음을 사로잡고 우리 하나님이 되시는 최선의 길은 우리 중 하나가 되시는 것이기 때문이다.

당신은, **당신의** 삶 속에서 하나님의 사랑의 증거를 보고 있는가?

더 깊은 공부와 생각을 위한 질문들

- 어떤 비극을 목격하거나 경험하고 나서 "왜 하나님은 이런 일이 일어나도록 놔두시는가?"라고 말하는 사람에게 당신은 뭐라고 답변하는가? 악을 자신의 삶을 향한 "하나님의 뜻"으로 받아들이려는 그리스도인들에게 당신은 무슨 말을 해주는가?
- 악이 하나님에 의해 창조된 것이 아니라면, 그렇다면 악은 어디서부터 왔는가? 그것은 창조의 필연적 결과였는가?
- 그리스도인들은 인격적 하나님을 믿는다. 그렇다면 인격적 악마에 대해서는 어떤가? 당신은 "사탄"이라는 이름을 가진 존재가 있다고 믿는가?

Remembering the Faith: What Christians Believe

예수님은 어떤 분이신가

삼위일체의 두번째 분

아주 오래 전, 호숫가에서 그리 하셨던 것처럼 지금도 그분은 미지의 존재로, 이름도 없이 우리에게 다가오신다. 그분은 자신을 알지 못했던 자들에게 오셨다. 그분은 우리에게도 동일한 말씀을 하시며 – "너는 나를 따라 오라!" – 이 시대, 우리에게 자신이 이루고자 하시는 임무를 맡기신다. 그분은 명령하신다. 그리고 순종하는 이들에게, 그들이 총명하든 단순하든 상관없이, 그분은 자신과 교제하며 겪게 되는 수고와 갈등과 고난들을 통해 자기 자신을 드러내신다. 그리고, 이것은 이루 말할 수 없는 신비인데, 그들은 자신들의 체험을 통해 그분이 어떤 분인지를 깨닫게 된다.

알베르트 슈바이처, 「역사적 예수를 찾아서」(The Quest of the Historical Jesus)

예수님은 어떤 분이셨는가? 또 오늘 우리에게 예수님은 어떤 분이신가? 이것은 믿는 자라면 대답할 수 있어야 하는 질문이다. 당신은 대답할 수 있는가?

얼마 전 나는 '예수 세미나'(Jesus Seminar)라는 이름으로 활동하는 일단의 신학자와 성경학자들에 대한 기사를 읽어보았다. 그 기사에 따르면, 그들은 복음서에 기록된 예수님의 말씀을 검토하여 그 중 어떤 것이 예수님이 진짜로 하신 말씀인가 판정하기 위해 한 자리에 모였다고 한다. 그들의 연구 결과가 무엇이었는지 아는가? 그들의 주장에 따르면, 오늘날 우리가 예수님의 말씀으로 알고 있는 것들 가운데 대부분이 실제로는 그분이 하시지 않은 말씀이며, 다만 후대 신자들이 그렇게 가르친 것들에 불과하다는 것이다. 어떤 말씀은 예수님이 하신 말씀이라고 여겨지면서도 여전히 의심의 여지가 있고, 다만 그분이 그와 유사한 말씀을 하셨으리라 추측될 뿐이다. 결국 우리가 알고 있는 예수님의 말씀 가운데 단지 일부만이 실제로 그분이 하신 말씀일 것이라는 이야기다.

'예수 세미나'의 활동은 대중으로부터 상당한 주목을 받았으며, 그들 연구에 대한 그리스도인들의 반응도 매우 다양했다. 예상한대로 어떤 이들은 그들의 연구 활동 자체에 격분하며 백해무익한 작업일뿐이라고 주장했다. 또 어떤 이들은 무엇이 문제가 되는지 모르겠다며 왜들이 소란인지 의아해했다. 또 어떤 이들은—중도적 반응의 사람들—그 연구 결과에 대해 질문을 던지거나 의문을 제기했다.

"그들에게서 대체 뭐가 나오겠어요?" 한 성도가 내게 물었다. "그들의 말에 우리가 관심을 가질 필요가 있을까요?"

신약성서 학자인 존 도미닉 크로산(John Dominic Crossan)은 예수 세미나의 지도자 역할을 해왔고 예수님에 대해 몇 권의 책을 썼다. 그 책들은 그 단체 모든 회원들의 생각을 대표하는 것은 아니지만, 예수님에 대해 현재 학계에서 진행중인 토의를 이해하는 데 하나의 출발점을 제공해준다. 한 가지는 분명하다. 오늘날 사람들은 예수님에 대해 예리하고 때로는 곤혹스러울 정도의 질문을 던지고 있다는 사실이다. 그분은 대체 어떤 분이셨는가? 오늘 우리에게 그분은 어떤 분이신가?

> [예수님의] 존재가 모든 면에서 그토록 위협적이었던 까닭은, 그분은 모든 프로그램과 원리들을 의문시 여기셨기 때문이다. 그리고 그분이 그렇게 하셨던 이유는, 그분은 자신 주변에서 서로 아옹다옹하는 모든—긍정적 혹은 부정적—질서들과의 관계에 있어서, 왕권이라는 말로밖에 설명할 수 없는 놀라운 자유를 누리셨고 또 드러내셨기 때문이다.
>
> 칼 바르트, 「교회 교의학」(Church Dogmatics) IV, 2, 171

크로산은 예수님을 소위 "급진적 평등주의"(radical egalitarianism) 메시지를 전한 사회적 혁명가로 제시한다. 예수님이 들려주신 한 비유를 보면, 어떤 사람이 축제를 베풀었지만 친구들 모두가 그럴듯한 핑계를 대며 초대에 응하지 않았다(눅 14:15-24). 그러자 그 주인은 종들을 거리로 내보내 모든 사람들을 초청한다. 그 결과—1세기 문화에서는 너무도 놀라운 일인데—남자와 여자, 자유인과 노예, 종교적으로 정결한 이와 부정한 이, 사회적으로 지위가 높은 이와 낮은 이 할 것 없이 모두가 한 식탁에서 식사를 나누는 일이 벌어졌다. 크로산의 주장에 따르면, 예수님의 메시지는 당시 사회질서에 대한 중대한 도전이었다. 크로산이 보기에, 예수님이 비전을 품고 선포하셨던 하나님 나라는 일차적으로 새로운 사회질서를 말하는 것이었다.

크로산은 자신의 책에서 이러한 평등주의적이며 혁명적인 예수님에 대해 상당히 많은 말을 하고 있는데, 거의 대부분이 기독교의 전통적인 가르침과 어긋난다. 예를 들어, 크로산은 기독교의 전통적 가르침이 말하는 것처럼 신약성경이 예수님의 육체적 부활을 말하고 있다고 믿지 않는다. 더 나아가 그는, 당시 로마 사형집행 관습이 그러했듯이 십자가에 죽으신 예수님의 몸은 아마 개와 새들에게 먹이로 뜯겼을 것이라고 주장한다.

크로산의 이런 주장은 가히 충격적이어서, 그의 책들은 사람들의 주목을 잡아끈다. 그는 분명 신약성경을 나름대로 철저히 연구한 학자이다. 그러나 그와 예수 세미나의 다른 학자들과 대화하고자 하는 사람은 먼저 기독교의 전통적 가르침들에 대해 어느 정도는 알고 있어야 한다.

예수님에 대해 학자들의 생각은 어떤 과정을 통해 여기까지 이르게 되었는가?

예수님의 정체성 문제는 처음부터 뜨거운 논쟁거리였다. "사람들이 나를 누구라 하더냐?"고 물으신 것으로 보아, 예수님도 그 혼란상을 알고 계셨을 것이다. 제자들이 전한 대답들은 "엘리야"에서부터 "세례요한"에 이르기까지 다양했다. 예수님을 중심으로 모인 그들 소그룹 바깥 사람들은 아무도 정답을 갖고 있지 못한 듯했다. 그래서 그분은 자신에 대해 가장 잘 알고 있을 제자들에게 그 문제를 들이대셨다. "그러면 **너희**는 나를 누구라 하느냐?" 그러자 베드로가 먼저 입을 열었다. "하나님의 메시아이십니다."

나는 그때 베드로가 그 말에 대해 정말 얼마나 확신이 있었을까 궁금하다. 또한 그 말은 대체 무슨 의미였을까?

초대 그리스도인들은 예수님에 대해 자신들이 믿고 있는 바를 정확하게 표현해주는 말을 찾고자 씨름해야 했다. 심지어 그분을 직접 알았던 이들, 그분의 모습을 보고 그분의 음성을 들었던 이들, 그분의 가족을 알고 있던 이들도 무엇이 가장 좋은 표현인지에 대해 의견이 분분했다. 폭넓은 의견수렴을 통해 마침내 초대교회가 예수님에 대한 정확한 묘사에 합의하게 된 것은 수백 년의 시간이 지난 다음이었다.

이는 초대 그리스도인들의 노력이 부족했거나 노력의 결과가 변변치 못했기 때문은 아니었다. 오히려 그 반대이다. 예수님을 묘사할 표현을 찾고자 했던 이들 초기의 시도들이 어려움을 겪었던 이유는, 당시 예수님에 대한 사상이 너무도 급속하게 발전해갈 뿐만 아니라 그 개념들이 너무도 정교해져가고 있었기 때문이다. 예수님에 대한 그리스도인들의 가장 초기 고백들 중의 하나는 "예수님은 주님이시다"(고전 12:3)라는 단순한 형태였다. 그런데 이와는 대조적으로 그로부터 꽤 오랜 시간이 지난 후 쓰여졌으리라 추측되는 요한복음을 보면, 그동안 예수님에 대한 사상과 사색에 급속한 진보가 있었음을 알 수 있다. 특히 그 책의 서두에서(요 1:1-18) 예수님은 창조시 하나님과 함께 계셨던 영원한 말씀(Word) 혹은 로고스(*Logos*)로 묘사되고 있다. 예수님 자신은 자신의 선재(先在)에 대해 거의 말씀하신 바가 없다는 사실을 염두에 둘 때 요한복음의 이 묘사는 더더욱 중요성을 갖는다.

히브리서에도 예수님에 대한 흥미로운 통찰, 그분과 그분의 사명에 대한 인상적이고 마음을 잡아끄는 사상이 들어 있다. 그 서신서의 최초 독자였던 이들은 "모든 면에서 우리와 같으면서도" 한 가지 중요한 특징에서는 우리와 다르신―즉 "죄는 없으신"―예수님은 대체 어떤 분이신지, 깊은 사고를 전개해가고 있었다.

그러나 그리스도인들이 마침내 일치된 표현에 도달하게 된 것은 그 후 3백년도 더 지난 뒤에 와서야 가능했다. 381년, 콘스탄티노플 공의회(Council of Constantinople)에서 니케아 신조(Nicene Creed)가 최종 형태를 갖추고 나서야 비로소 교회는 자신의 신앙을 일치된 언어로 표현할 수 있었다. 니케아 신조에서 가장 긴 조항은 삼위일체의 두번째

분에 대한 부분으로―각 단어는 신중하게 선택된 것들이다―예수님의
정체성 문제와 긴밀하게 관련되어 있다.

　니케아 신조가 작성되기 전에, 예수님은 하나님이시나 다만 겉으로
보기에 인간처럼 보이는 것일 뿐이라고 생각했던 이들이 있었다. 반대
로 예수님은 인간이시지만 다만 그 행동이 가끔씩 신적인 영감을 받은
것처럼 보이는 것일 뿐이라고 생각했던 이들도 있었다. 뿐만 아니라 예
수님은 태어나실 때는 인간이셨지만 삶의 어떤 시점―예를 들어 세례
받으실 때―에서 하나님의 영이 그분 속에 들어간 것이라고 생각한 이
들도 있었다. 이런 종류의 생각들은 결국 모두 폐기되거나 이단으로 분
류되었다. 대신, 교회는 예수님을 온전한 하나님이시며 동시에 온전한
인간이신 분으로 의견일치를 보았다. 예수님은 한 인격 안에 신성과 인
성을 동시에 가지신 분이다. 이러한 표현은 비록 전혀 문제가 없는 것은
아니지만, 성경에 묘사된 예수님을 가장 잘 묘사해주는 것으로 보인다.

　"두 본성, 한 인격"이라는 이 표현으로 모든 논쟁이 종결되었는가?
그렇지 않다. 그러나 마침내 교회는 기독교 신앙의 존재 근거인 예수님
의 정체성을 표현해주는 나름의 용어를 갖게 된 것이다.

> 하나님의 선택을 받은 이들을 구원할 자는 누구인가요?
> 하나님의 선택을 받은 이들의 유일한 구원자는 주 예수 그리스도이십니다.
> 하나님의 영원한 아들이신 그분은 사람이 되셨고, 따라서 한 인격 안에 서로
> 다른 두 본성을 가지신, 하나님이자 동시에 사람이신 분이셨고, 지금도 계속
> 그러하십니다.
>
> 웨스트민스터 소요리문답, 1647

　'예수 세미나'의 시도는 처음으로 되돌아가려는 것이다. 이들 학자
들은 예수님을 겹겹이 둘러싸고 있는 전승들을 벗겨내어 그분을―후대
의 신자들이 생각했던 대로가 아니라―실제 모습 그대로 발견하고자

시도한다. 이들 학자들은 종교예술 작품에 흔히 등장하는 그런 예수님이 아니라 진짜 살과 피를 가진 인간 예수님을 발견하고자 시도한다.

이런 시도를 한 이들이 예수 세미나 학자들이 처음은 아니었다. 역사적 예수 탐구에는 나름의 흥미로운 역사가 있다. 그 탐구는 18세기에 진지하게 시작되었는데, 그 당시 볼테르 같은 유럽 지식인들은 복음서 연구에 과학적 방법을 적용시켜보는 것이 좋겠다고 생각했다. 그 이후로 긴 시간 동안 상당한 양의 탐구가 진행되었다.

이 탐구와 관련하여 가장 유명한 인물은 아마도 알베르트 슈바이처(Albert Schweitzer)일 것이다. 요즘 사람들은 대부분 슈바이처를 아프리카 정글에 병원을 세우고 자신의 인생후반을 거기서 보낸 백발의 의사 정도로 기억한다. 그러나 의사가 되기 전 슈바이처는 유능한 신학자이자 뛰어난 음악가였다는 사실을 아는 사람은 많지 않다. 가장 잘 알려진 그의 신학서는 「역사적 예수 탐구」(The Quest of the Historical Jesus)이다. 그 책에서 그가 내린 결론은 이러한 탐구는 결국 아무런 소득이 없다는 것이었다. 다시 말해, 역사적 예수 탐구를 통해 단지 우리 자신이 원하는 예수님을 발견하는 것일 뿐, 진짜 예수님을 발견하지 못한다는 것이다. 그의 표현에 따르면, 마치 우물물을 내려다보는 것같이 결국 우리는 우리 자신의 그림자를 보는 것일 뿐이다.

지금까지 이런 탐구를 통해 발견된 인물은 역사적 예수가 아니라 놀라우리 만큼 탐구자 자신을 닮은 어떤 인물이었다. 예를 들어 볼테르가 발견했다는 예수님은 계몽된 18세기 이신론자와 구별이 거의 불가능하며, 오늘날 학자들이 발견하는 예수님은 그들의 문화적 편향이나 정치적 신념과 놀라울 정도로 조화를 이루는 어떤 인물이다.

그러나 그런 구세주라면 누가 믿고자 하겠는가? 우리가 원하는 것은 진짜가 아니던가? 우리는 신약성경에 그토록 매혹적으로 묘사된 바로 그 예수님을 원하는 것이다.

신약성경은 우리에게 무엇을 말해주는가?

가장 좋은 출발점은 그분에 대해 복음서가 전하는 말을 진지하게 생각해보는 것이다. 마태, 마가, 누가, 요한은 예수님에 관한 세부 사항들에 대해서는 당혹스러울 만큼 침묵한다. 그 복음서들은 우리가 알고 싶어하는 예수님의 어린 시절에 대해 자세하게 말해주지 않는다. 다만 몇 가지 놀라운 정보들만 줄 뿐이다. 여기서 몇 가지 중요한 정보들이 있다.

첫째, **예수님은 1세기의 유대인이었다**. 그분은 어떤 막연한 불특정 인간이 아니셨다. 그분은 한 특정 인종-민족 그룹의 구성원이었다. 그것도 1세기 이후 끊임없이 조롱과 압제를 받아왔던 인종-민족 그룹의 구성원이셨다. 이는 결코 우연이 아니다. 앞에서도 보았듯이 우리 하나님은 언제나 가난하고 억눌린 자들의 편에 서시는 분이시라면, 자신의 하나뿐인 아들을 보내시는 일에도 그 면모를 보이신 것은 당연하지 않겠는가? 예수님은 우리에게 한 유대인으로 오셨다.

그분의 외모에 대해 우리는 아는 바 없지만, 그분은 함께 사셨던 사람들의 신체적 특징들 모두 아니면 대부분을 공유하셨을 것이다. 나는 예수님을 파란 눈, 핑크 빛 혈색, 영국식 발음을 가진 인물로 묘사하는 미술작품이나 영화를 볼 때면 의구심을 갖는다. 실제 그분은 그런 모습이 아니시다. 그러나 복음서들이 그분의 외모에 대해 침묵하는 이유는, 아마도 궁극적으로는 그분의 외모가 중요한 것이 아니었기 때문일 것이다.

둘째, **예수님은 남성이셨다**. 어느 신학자의 표현대로 "정상적인 진짜 인간은 남성 아니면 여성이다. 예수님은 남성이셨다." 그분은 다른 유대 남성들처럼 태어난 지 팔일째 되는 날 할례를 받으셨다. 20세기 후반 이전에는 대부분의 사람들은 예수님의 성별 문제를 그다지 중요하게 생각지 않았으나 최근 들어서는 남자나 여자 할 것 없이 사람들이 예수님의 성이 갖는 의미에 대해 깊은 관심을 기울이기 시작한다. 얼마 전 나는 남자들만이 모이는 대형집회에 가본 적이 있는데, 그곳의 유명

설교자들은 예수님을 이상적인 남성 역할 모델로 제시했다. 복음서를 인용하면서 그들은 예수님에게서 두드러졌던 남성적 특질에 대해 묘사한 후에 그분을 본받아 자신들의 삶을 변화시킬 것을 참석자들에게 촉구했다.

이런 식의 사고에 대해 어떻게 생각해야 할지 나는 잘 모르겠다. 이 정도는 말할 수 있을 것 같다. 현대의 남성들은 성실하고 자애로우며 사랑이 많은—그러면서도 철저히 남성다운— 남자가 되는 것이 가능하다는 메시지를 듣기를 갈망하고 있다. 이것은 성 역할이 혼란을 겪고 있는 오늘 우리 세계에 있어 꼭 필요한 일이다. 그러나 여기에는 또한 위험도 따른다는 사실을 우리는 기억해야 한다. 예수님의 성을 우상시하거나 그분의 남성성을 지나치게 중요시하는 것은 잘못이다.

> 그분은 오랜 동안 기다려온 구세주로서,
> 하나님의 영으로 잉태되시고
> 동정녀 마리아에게 나신
> 온전히 사람이시며 온전히 하나님이신 분이시다.
>
> 유혹 받으심과 고난,
> 가르침과 기적,
> 마귀들과의 싸움과, 죄인들과의 대화 등
> 지상(地上) 생애의 사건들을 통해
> 예수님은 행동과 말씀으로
> 다가오는 하나님의 통치를 현재화시키셨다.
>
> 이 세계는 하나님의 것: 현시대적 증언, 1988 (북미개혁교회:CRCNA)

기독교 전통에서 대부분의 기독교 사상가들은—또한 신약성경의 저자들도—예수님의 남성됨이 아니라 인간되심을 강조해왔다. 예수님은 우리에게—남자와 여자 할 것 없이 우리 **모두**에게—인간이 된다는 것이 어떤 것인지를 보여주신 분이다. 예수님은 하나님과 다른 사람들을 완전하게 사랑하셨던, 아담과 이브 이후 최초의 인간이셨다. 이는 엄밀히 남성적인 것도 여성적인 것도 아니다. 예수님의 크나큰 매력은 그분은 우리에게 한 인간으로 오셨다는 사실, 그분은 임마누엘 곧 우리와 함께 계신 하나님이셨다는 사실에 있다. 우리는 예수님의 성에 대해 강조하는 설교나 가르침에 대해 의구심을 품어야 한다. 물론 그분은 남자로 태어나셨지만, 그분은 남성됨의 원형이 아니라 새로운 인류의 대표자이셨다.

셋째, **예수님은 우리처럼 인간의 모든 필요와 갈망과 한계를 경험하셨다**. 이는 깊이 생각하면 할수록 내게 놀라움을 가져다주는 진리이다.

주일학교 때 나는 예수님을 완전하신 분으로 배웠는데, 어린아이의 상상력으로 이 말은 곧 그분이 일종의 슈퍼맨이라는 의미였다. 예수님은 그 어떤 누구보다도 더 크고 더 빠르며 더 힘센 분이다. 예수님은 배트를 휘둘렀다 하면 홈런을 치시는 분이다. 예수님은 골프도 쳤다 하면 단번에 홀에 골인시키는 분이다. 예수님은 대학 진학 적성시험에서도 만점을 받으시는 분이다. 또, 예수님은 (나와는 달리) 선천적으로 재능이 있어서 전혀 피아노 연습을 할 필요가 없으신 분이다.

그러나 어떤가. 이것은 우리가 믿는 바가 아니다. 예수님이 모든 것을 아셨던 것은 아니다. 그분이 모든 것을 할 수 있으셨던 것은 아니다. 그분이 주변 사람들의 생각을 언제나 아셨던 것도 아니다. 그분 역시 한계와 제한성을 경험하셨다. 누가복음은 우리에게 예수님의 키와 지혜가 자라났다고 말해준다. 즉 예수님은 단순히 인간 흉내를 내신 것이 아니다. 그분은 모든 면에서 우리처럼 **진짜** 인간이셨다. 물론 한 가지 커다란 차이점이 있다. 예수님은 우리와 달리 도덕적으로 순결한 삶을 사셨다.

나는 예수님을 우리처럼 출신 가정과 주변 문화의 영향을 받는 존재로 보는 것이 도움이 된다고 생각한다. 내가 좋아하는 복음서 이야기들 중에 "예수님과 수로보니게 여인" 이야기가 있다. 이는 예수님이 한 이방인 여인과 만나신 이야기이다(막 7:24-30). 예수님 당시의 유대인들에게 있어서 이 여인은 "개"였다. 그들은 비유대인을 그렇게 낮추어 불렀다.

사실 예수님도 거의 비슷한 용어를 사용하셨다. 치유해달라는 그녀의 요청에 그분은 "자녀로 먼저 배불리 먹게 할지니 자녀의 떡을 취하여 개들에게 던짐이 마땅치 아니하니라" 하고 말씀하셨다. 그러나 그때 그분이 사용하신 단어의 원어는 "강아지"라는 의미로 사용되는 경우가 많은 단어이다. 내 생각에, 예수님은 아마 이 말을 하시면서 눈웃음을 지어 보이셨을 것이다. 우리 사이에 이런 벽이 있지 않느냐는 의미로 말이다. 그런데 그 여인은 예수님의 말씀 속에 담긴 속뜻을 알아들었던 것이 분명하다. 그 여인은 그 말을 듣자 더 큰 확신을 가지고 이렇게 대답했기 때문이다. "주여 옳소이다마는 상 아래 개들도 아이들의 먹던 부스러기를 먹나이다."

이 일은 단순히 치유가 일어난 사건일 뿐 아니라 예수님이 자신의 문화적 조건을 뛰어 넘으신 사건이기도 하다. 그분의 사랑은 그분으로 하여금 편견을 초월하도록 만들었다. 그분도 다른 사람들처럼 충동적으로 살고픈 유혹을 받으셨지만, 그러나 그분은 그 유혹을 이기셨다. 그분은 인간다운 삶, 자연적 충동을 거스르며 사랑으로 응답하는 삶이 가능함을 보여주셨다.

마지막으로, **예수님은 틀과 인습에 얽매이지 않는다는 의미에서 위험 인물이셨다**. 틀과 인습에 얽매이지 않는 사람은 흔히 주변 사람들에게 위험 인물로 간주되곤 하는데, 예수님이 바로 그런 분이셨다.

그분은 모든 문제에 용기 있게 정의를 선택하셨다. 그분은 소명을 따르기 위해서라면 자신의 가족과 친구들의 기대를 저버리는 일도 서슴지 않으셨다. 그분의 삶의 최후는 정말로 그들 모두를 실망시키셨다.

그분은 당시의 종교적 관습에 용기 있게 의문을 제기하셨으며, 침묵을 지키는 편이 편한 길이었음에도 문제를 제기하셨고, 그로 인해 "신성모독자"라는 낙인도 받으셨다. 그분은 (정말로 하기 힘든 일인) 죄인들의 친구가 되는 일도 두려워하지 않으셨고, 죄인들을 용서해주기를 두려워하지 않으셨다.

예수님은 어떤 분이셨는가? 지금까지 보았듯이 그분은 완전한 인간이셨고 또한 동시에 완전한 하나님이셨다.

고린도후서 5:19는 분명히 말씀한다. "하나님께서 그리스도 안에 계시사 세상을 자기와 화목하게 하시며." 지금 우리는 단순히 어떤 비범했던 인간을 신뢰하는 것이 아니다. 자기 힘으로 우리에게 필요한 구원 사역을 할 수 있는 인간은 아무도 없다. 그러나 하나님은 하실 수 있고, 다음 장에서 보겠지만 하나님은 우리를 위해 예수님 안에서 그 일을 행하셨다. 예수님이 말씀하실 때마다, 예수님이 행동하실 때마다, 예수님을 통해 말씀하시고 행동하시고 계셨던 분은 다름아니라 바로 하나님이셨다.

더 깊은 공부와 생각을 위한 질문들

- 오랜 동안 교회는 예수님의 정체성에 대한 정확한 표현을 찾고자 애써왔다. 당신이 그동안 읽어본 여러 글들(이번 장이나 성경, 혹은 다른 책들)을 종합하여 판단할 때 예수님은 어떤 분이셨고 또 지금 당신에게는 어떤 분이신가?
- 20세기의 가장 중요한 신학자 가운데 한 사람인 칼 바르트는, 예수님의 수태 이야기에서 인간 아버지가 배제된 것을 중요하게 보았다. 그동안의 역사가 남성들(정치인, 군인, 탐험가, 철학자, 왕 등)의 이야기 일색이었던 반면, 역사상 가장 중요한 사건인 그 일에서

는 남성이 배제되었기 때문이다. 마리아라는 이름의 한 여인이 세상 속에서 하나님의 일을 이루는 주인공이 되었다. 이런 해석에 대해 당신은 어떻게 생각하는가?
- 예수님에게 "죄가 없으셨다"는 말은 무슨 의미인가?

Remembering the Faith: What Christians Believe

예수님은 어떤 일을 하시는가

속죄

속죄 교리는 어떤 신비 – 하나님으로부터 은혜 받은 경험 – 를 명료하게 표현해보려는 시도이다…
그 교리들은 이 깨어진 세상을 위해 하나님이 행하신 한 결정적 행위의 실재를 제한적이고 유비적인 언어로 표현해보려는 시도이다. 무언가 승리의 사건이 벌어졌다, 무언가 우주 안에 권력 이동이 일어났다, 무언가 몸값이 지불되었다, 무언가 치유가 시작되었다, 무언가 궁극적인 사랑이 나타났다, 무언가 극적인 구조가 이루어졌다는 등등의 표현들이 바로 그것들이다.

린 반 다이크(Leanne Van Dyk), 「대화」(*Dialog*)

당신이 전혀 만나본 적이 없는 어떤 사람, 이천년 전에 전혀 다른 문화권에서 살았으며 사용한 언어도 전혀 달랐던, 당신과 아무 상관이 없는 어떤 사람이 당신을 위해 죽었다고 한다. 이 말은 대체 무슨 의미인가? 그가 나를 위해 또 우리 모두를 위해 죽었다니, 도대체 무슨 의미인가? 그 죽음이 당신과 나의 삶에 무슨 변화를 줄 수 있단 말인가?

이는 단순히 수사학적인 질문들이 아니다. 그리스도인이라면 마땅히 이러한 질문들에 자신 있고 분명한 대답을 할 수 있어야 한다.

결국, 기독교 신앙의 핵심은 예수님이 우리를 위해 행하셨고 또 지금도 행하고 계시는 일에 있다. 복음이란 좋은 소식(good news), 곧 예수님이 우리를 위해 죽으셨다는 이것을 의미한다. 그러나 많은 사람들에게 있어서 이 말처럼 받아들이기 어려운 가르침이나 교리도 없다. 심지어 1세기 중반에 살았던 사도 바울도 인정한 것처럼, 예수님이 자신의 고난과 죽음을 통해 이루셨다는 것은 대부분의 사람들에게는 어리석게만 보일 뿐이다. 그의 표현에 따르면 "유대인에게는 거리끼는 것이요 이방인에게는 미련한 것"이다.

생각해보라. 적어도 이상으로서의 교회는 참 좋은 것이다. 좋은 의도를 갖고 서로를 사랑하는 일에 헌신한 사람들의 모임. 여기에 반대할 이유가 무엇이겠는가? 물론 예외인 경우들도 있지만, 대부분의 사람들은 교회에 대해 별 거부감을 느끼지 않으며 심지어 매력을 느끼기도 한다.

기독교 가치관도 마찬가지다. 여기서 기독교 가치관이란 공정성, 정직, 너그러움—자신의 소유를 가난한 자들과 나누는 것— 등을 말할 수 있겠다. 여기에 누가 반대하겠는가? 사람은 누구나 자신의 자녀들이 이러한 가치들을 배우고 받아들이기를 바라지 않는가? 다시 한번 말하지만 대부분 사람들은 기독교 가치관에 대해서는 전혀 거부감을 갖지 않는다.

더 나아가 말해본다면, 하나님의 존재를 믿는 신앙에 대해서도 대부분의 사람들은 거부감을 갖지 않는다. 하나님이 존재한다는 사상은—심지어 하나님이 천지를 창조하셨다는 사상도—그다지 논쟁거리가 되지 않는다.

그러나 이 장의 주제인 속죄 문제에 이르면 사정이 달라진다. 예수님이 우리를 위해 행하신 일이 무엇인지를 분명하게 말해주는 속죄 교리는 기독교 신앙의 근간을 이루는 가르침이다. 그러나 이것은 많은 사람들이 언제나 받아들이기 어려워해왔던 가르침이기도 하다. 나중에 살펴보겠지만 이 가르침을 이해하기 위해 신학자들은 지금도 힘겨운 씨름을 벌이고 있다.

우리 죄를 우리에게 돌리지 않으시고,
하나님은 그리스도 안에서 세상을 자신과 화해시키셨습니다.
우리는 십자가 위에서 우리를 대신하여 죽으신
구원자를 봅니다. 이는
우리가 더 이상 우리 자신을 위해 살지 않고
그분을 위해 살기 위함입니다.
그분 안에 우리의 유일한 구원의 희망이 있습니다.

신앙선언문, 1985 (미국장로교회: PCUSA)

그리스도인들이 인간 역사의 중심으로 믿고 있는 한 사건이 있다. 그러나 그것은 너무도 끔찍하고 폭력적이어서 요즘의 부모라면 어린 자녀들에게 그것을 보여주려고 하지 않을 사건이다. 뿐만 아니라 우리는 당시 로마로서는 표준적 사형 집행이었던 그 사건이 우리의 삶에 영원한 의미를 가진다고 믿고 있다. 예수님께서 그 참혹한 십자가에서 죽으셨기에 오늘 우리의 삶이 달라졌으며, 또한 영원 속에서의 우리 삶도 달라질 것으로 믿는다. 예수님이 그렇게 십자가에서 죽으심으로 말미암아 우주 자체에 무언가 변화가 일어났던 것이다.

예수님이 행하신 이 일을 일컬어 신학자들은 속죄(atonement)라고 부른다. 사실 예수님이 행하신 이 일을 일컫는 신학용어에는 여러가지가 있는데, 죄사함, 구속, 칭의, 화해 등은 예수님이 행하신 일의 각기 다른 측면과 차원들을 묘사해준다. (이 장에서 나는 "속죄"의 의미를 그 모두를 포함하는 넓은 뜻으로 사용하고 있다.)

한 무죄한 사람이 죽고 자신의 삶을 내어줌으로써, 그 결과 죄인이 풀려날 수 있게 되었다. 이것이 속죄, 더 정확하게 말해 **대신하는**(substitutionary) 속죄(=대속)이다. 죄인을 대신하여 무죄한 자가 대가를 치른다. 이 교리와 더불어 씨름한 후에 결국 이렇게 말하는 이들도 있다. "이것은 말이 되지 않는다. 이는 마치 고양이가 말썽을 피웠다고 개를 발로 걷어차는 것과 같다. 공정하지 못하다."

또 그들은 이렇게 말한다. "내가 그렇게까지 악한 것도 아니고, 하나님이 그렇게까지 미쳤을 리도 없다."

최근 어떤 여성신학자들은 속죄 교리를 학대를 조장하거나 묵인하게 만들 수 있다는 이유로 반대하기도 한다. 그들의 관점에 따르면, 속죄 교리란 성부는 성자가 죽는 것을 방관했고 허용했을 뿐 아니라 거기서 만족을 얻었다는 것이다. 그들에 따르면, 이러한 가르침은 하나님에 대한 왜곡된 견해를 조장하여 하나님을 가학적이고 화내는 존재로 오해하도록 만들 수 있다는 것이다. 성부와 성자의 관계 문제를 다룬 "하나님이 자신의 아들을 학대하셨는가?"라는 글에서 조안 칼손 브라운(Joanne Carlson Brown)은 기독교를 "고통을 찬미하며 학대를 부추기는 신학"이라고 주장하기도 했다.

이러한 비판에 그리스도인들은 어떻게 대응할 수 있는가?

물론, 그동안 어떤 목사들은 폭행당하는 여성들에게 "십자가를 지고" "그리스도를 본받으라"고 잘못된 조언을 해온 것도 사실이다. 또한 폭행과 학대를 당하는 여성들에게 남편이나 짝에게 무조건 "순종하고 복종하라"고 잘못 가르친 경우들이 있어온 것도 사실이다. 이처럼 기독교 신앙은 그동안 많은 부분 그릇된 방식으로 이용되어왔다. 그러나 어떤 여성신학자들은—그중에는 영향력 있는 뛰어난 사상가들도 많이 있는데—비판이 너무 지나친 나머지 급기야는 속죄 교리 자체에 무언가 문제가 있으며, 따라서 기독교 신앙 자체에 무언가 문제가 있다고 결론짓기도 한다.

속죄는 오늘 우리에게도 이해될 수 있는 교리인가?

최근 존 헤어(John Hare)라는 종교철학자가 「도덕 간격」(*The Moral Gap*)이라는 책을 썼다. 그 책에서 그는 이 속죄 사상과 씨름하고 있다. 그 역시 내가 이 장에서 제기한 것과 동일한 질문을 던지고 있다. 누군가가 우리 대신 죽는다는 것이 대체 무슨 의미인가? 그의 주장은 이것이다. 사실 속죄는 우리 삶의 일상적 경험이다. 속죄는 늘 우리 주변에서 다양한 형태와 다양한 시간에 일어나고 있다.

그는 많은 예들을 제시한다.

먼저 회사 인수합병을 들 수 있다. 큰 회사가 작은 회사를 인수합병할 때 작은 회사의 모든 채무, 부채, 계류중인 소송, 고객 불만족 접수 사항 등은 모두 큰 회사의 책임이 된다. 좋든 싫든, 준비가 되어 있든 말든, 응당한 일이든 아니든 상관없이. 아무튼 그 책임을 모두 큰 회사가 떠맡는다. 이것은 일종의 속죄이다. 흥미로운 것은 성경에도 예수님이 우리를 위해 행하신 일을 설명하면서 재정과 관련된 이미지를 사용하고 있다는 사실이다(예: 막 10:45; 롬 3:24; 고전 6:20, 7:23; 갈 3:13; 딛 2:14; 벧전 1:18).

헤어는 또 다른 예로 입양을 들고 있다. 어떤 가족이 한 아이를 입양하면 정체성 융합이 일어나게 되는데, 입양하는 가족은 그 아이로 인해 생기는 일이면 무엇이든—이점이든 책임이든— 떠맡게 된다. 흔히 책임이 이점보다 많다. 그러나 그것을 무릅쓰는 것이 바로 입양의 의미이다. 성경도 그리스도인을 하나님의 아들과 딸로 입양된 자들로 분명히 말하고 있다.

속죄에 대해 성경이 들고 있는 또 다른 예에는 희생제사 이미지와 법정 이미지들이 있다. 신약성경에 나오는 희생제사 이미지들은 인간의 죄를 없애기 위해 동물 특히 양을 제물로 바쳤던 구약시대 관습과 관련된 것이다. 양을 대신하여 예수님이 우리 죄를 위한 속죄 제물로 "희생되셨다"(롬 3:25). 법정 이미지들은 "판결", "정의", 판사나 피고인 같은 사법 관련 용어들을 사용한다. 종종 예수님은 죄지은 피고를 대신하는 무죄한 사람으로 묘사되고 있다(예: 롬 5:6-11; 고후 5:16-21; 골 1:19-20).

> 예수님은 사랑을 위해 자신의 생명을 대가로 지불하셨다. 쉽게 말해 이 말은, 그분은 우리에게 너무도 중요한 분이셨음을, 그분에게 우리가 너무도 중요한 존재였음을, 그분은 우리와 더불어 인간의 고통을 함께 겪으셨음을, 그분은 우리가 죄인이었을 때, 우리가 고통받고 죽어야 하는 바로 그때, 우리 곁에 계시기를 원하셨다는 의미이다.
>
> 헬무트 틸리케, 「나는 믿습니다」(I Believe)

어떠한 이미지도 그것 하나만으로는 속죄 교리를 적절하게 설명할 수 없다. 신학자 린 반 다이크(Leanne Van Dyk)가 말하듯이 "속죄에 대한 이론들은 구원의 내적 역학을 정의하거나 설명하려는 것이 아니다. 다만 그것들은 구원이 어떤 효력을 발휘하는가를 이미지로서 보여줄 뿐이다." 비록 우리 언어에는 한계가 있지만, 그 언어 뒤의 실재는 이 깨어진 세계를 위한 좋은 소식으로 여전히 유효하다.

얼마 전에 나는 개봉된 그 해 여러 부문에서 아카데미상을 수상한 영화 '슬링 블레이드'(Sling Blade)를 볼 기회가 있었다. 그 영화는 20년을 주립 정신병원에 입원해 있다가 퇴원한 한 남자에 관한 이야기다. 관대하게도 한 가정이 그를 자신들의 가족으로 받아주었고 그는 그 집에서 살기 시작한다. 그런데 얼마 지나지 않아 관람객들은 그 가족이 심각한 역기능 가정임을 알게 된다. 그 집에는 심지어 악의 기운, 악마의 기운이 감돌기까지 한다.

결국 영화의 마지막에 이르면 이 문제 많은 가정을 위해 어떤 한 사람이 자기 자신, 곧 자신의 생명을 **희생**하는데, 그는 다름아닌 그 정신병 환자였다. 그는 스스로는 구원받지 못하는 그 가족을 구원해준 것이다. 그는 자신의 자유와 행복을 포기함으로써 그들에게 생명을 주었다. 어떤 의미에서 '슬링 블레이드'의 주인공은 다름아닌 그리스도를 나타내주는 인물이라고도 할 수 있다. 자신을 받아준 가족을 구원하기 위해 그가 선택한 방법, 물론 폭력적인 것이긴 하지만 그것을 통해 그 가족은 일종의 구원을 얻은 것이다.

이렇게 그리스도를 나타내주는 인물(Christ figure)은 삶에서 뿐 아니라 영화나 문학에서도 자주 등장한다.

속죄라는 이 주제에 대해 나름대로 이해하고자 애쓰던 중에, 내게는 사람들이 속죄를 이해하지 못하는 이유 가운데 하나가 자신들의 죄성을 깨닫고 있지 못하기 때문이라는 생각이 들었다. 우리가 우리 자신을 죄인으로 생각하고 있지 않는 한, 분명 우리는 구속에 대한 긴급한 **필요**

를 느끼지 못할 것이다. 이 세상 속에 존재하는 죄와 악에 대해, 더 구체적으로 말하면 우리 자신의 삶 속에 존재하는 죄와 악에 대해 우리가 제대로 깨닫지 못하고 있다면, 예수 그리스도 안에서 행하시는 하나님의 구원사역이 잘 이해되지 못할 것은 당연하다.

우리 상황이 대체 얼마나 나쁜 것이기에? 솔직히 말해 내게는 대부분의 상황이 그다지 나빠 보이지 않는다. 정말 모든 것이 좋게만 보이는 때도 있다―누구에게나 그런 순간이 있다. 솔직히 말한다면 우리의 상황은 좋은 편이라고 할 수 있지 않은가?

그러나 우리가 이런 생각을 갖게 되는 것은 악이 가진 교활한 본성에서 기인한다. 사실, 지금 이 세상은 하나님이 본래 의도하신 것과는 너무도 거리가 멀다. 창조의 "샬롬" 상태와 너무도 거리가 멀기 때문에 우리는 좋고 나쁨을 판단하는 기준마저 갖고 있지 못하는 형편이 되었다. 좋다? 도대체 좋다는 것이 무엇인가? 지금 우리는 악을 보고도 그것을 악으로 인식하지 못할 수 있다. 지금 우리는 자신의 삶을 보면서도 그것이 얼마나 하나님의 영광에서 멀어져 있는가를 인식하지 못할 수 있다.

하나님은 자신이 만드신 세상을 보시며 슬퍼하고 계신다. 하나님은 우리를 향하신 자신의 본래 의도를 기억하시며 슬퍼하고 계신다. 하나님은 우리가 서로에게―의식적으로, 또한 무의식적으로―하는 행동들을 보시며 슬퍼하고 계신다. 우리의 상황이 나쁜 것이냐고? 하나님이 보시는 바로는, 그것은 너무도 나쁜 상황이다. 한번 시간을 내어 구약성경을, 아니 창세기만이라도 읽어보라. 그분의 창조세계의 현재 상태를 보신다면 우리 하나님은 가히 슬픔을 가누지 못하실 것이다.

우리는 이렇게 생각할 수도 있다. "좋다. 나도 저 **바깥** 세상에 문제가 많다는 것은 안다. 하지만 **나도** 그렇게 나쁜 존재인가?"

보통은 자신이 보기에 나는 그다지 나쁘지 않다. 내 자신에게 기꺼이 높은 점수를 준다. 내가 보기에 나는 그런 대로 괜찮은 사람이다. 보통

때는 그렇다. 그러나 내 삶에 어떤 변화를 주거나 개선할 필요가 있는 어떤 부분을 고치려고 할 때, 혹은 정말로 부끄럽게 여기는 어떤 행동을 바꾸려고 할 때, 그때는 사정이 달라진다. 내 자신을 변화시키기란 거의 불가능에 가깝다는 사실을 깨닫게 된다.

내게 결심이나 의지력이 약해서가 아니다. 대부분의 경우 그 모두를 갖추었음에도, 내가 내 자신의 삶을—아주 사소한 것들마저도—변화시키는 것은 거의 불가능에 가깝다. 이것을 일컬어 우리는 영적 용어로—심리학적 용어로는 뭐라고 할 수 있을지 모르겠지만—죄라고 부른다. 나는 선을 행하기를 원한다. 그러나 실제 행동은 그렇지 못하다. 나는 나쁜 짓 하는 것을 원치 않는다. 그러나 실제 행동으로는 그렇게 한다. 그래서 사도 바울도 이렇게 고백했다. "오호라 나는 비참한 인간이로다." 예수님의 비유에 나오는 세리처럼 나는 이렇게 말할 수밖에 없다. "하나님, 죄인인 저를 불쌍히 여겨주옵소서." 하나님의 도움이 없이는, 나를 위한 하나님의 간섭이 없이는, 내게는 아무런 희망이 없기 때문이다.

> 하나님의 은혜밖에는 아무것도 없다. 우리는 은혜 위를 걷고 있다. 우리는 은혜를 숨쉬고 있다. 우리는 은혜로 인해 살고 죽고 있다.
> 로버트 루이스 스티븐슨(Robert Louis Stevenson)

속죄 교리에 대해 생각할 때 내가 깨닫는 세 가지 진리가 있다. 나는 속죄의 의미를 이해하고자 하는 그리스도인들이라면 반드시 이 진리들을 깨닫는 것이 필요하다고 생각한다.

첫번째 진리는 **은혜**이다.

예수님이 들려주신 유명한 바리새인과 세리 비유를 보면, 기도하러 온 첫번째 사람은 바리새인이었다. 그는 의로운 사람이 되기 위해 대단히 애쓰는 사람이었다. 그는 하나님이 자신을 사랑해야 하며 자신을 높이 평가해야 하는 이유를 아주 장황하게 나열한다. 사실 우리 가운데 종교적인 목적으로 일주일에 두 번씩이나 금식하는 사람이 과연 얼마나 되는가? 또한 수입의 십분의 일을 정확히 헌금하는 사람이 과연 얼마나 되는가? 더욱이 그 둘, 금식과 십일조를 모두 행하는 사람은 과연 몇이나 되는가? 그 바리새인에게 당신 삶에서 죄가 큰 문제가 되는지 묻는다면 아마도 그는 이렇게 대답했을 것이다. "그렇지 않습니다. 제 삶은 썩 괜찮은 편이거든요. 극기를 실천하며 살고 있지요. 아마 몇 년 전까지는 죄 문제가 있었다고 볼 수 있지만, 지금은 그렇지 않아요. 사실 저는 그렇게 나쁜 사람이 아니거든요."

그러나 진실을 말하자면, 죄된 본성 때문에 지금 그는 정직한 자기 평가의 눈을 잃어버리고만 것이다. 그는 어둠에 처해 있다. 그는 자신의 교만과 기만을 깨닫지 못하고 있다. 다른 사람들의 눈에는 빤히 보이는 것들인데도 말이다.

기도하러 온 두번째 사람은 세리였다. 그의 기도는 단순했다. 그는 죄인이었으며, 스스로 그것을 인정했다. 그는 다음부터는 더 잘 하겠다는 그런 약속도 하지 않았다. 아마도 그런 약속을 하지 않는 편이 더 낫다는 것을 알고 있었기 때문이리라.

예수님이 물으셨다. "이 두 사람 중 누가 하나님과 바른 관계를 맺고 있는 사람인가?"

예수님의 대답은 그 세리가 그렇다는 것이다. 왜? 왜냐하면 인간은 자기 스스로 하나님과의 관계를 바르게 할 수 없는 존재이기 때문이다. 제 아무리 십일조와 금식을 한다고 해도 그것이 하나님 앞에서 우리를 가치 있는 존재로 만들어주는 것은 결코 아니다. 궁극적으로 볼 때 우리가 할 수 있는 일은 아무것도 없다. 다만 자신을 하나님의 자비하심 앞에 맡겨드리고, 하나님께서 이미 예수 그리스도 안에서 우리를 위해 행하신 일에 대해 감사하는 일 외에는 아무것도 없다. 받을 만한 아무런 자격이 없음에도 불구하고 받는다는 것, 그것이 바로 은혜이다.

두번째 진리는 이것이다. 구속(救贖)을 통해 하나님은 우리에게 **용서**의 본질에 대해 가르치신다. 참으로 놀라운 것은, 상처받고 고통 당하신 하나님 편에서 먼저 관계 회복을 위해 우리에게 다가오셨다는 사실이다.

이것이 얼마나 놀라운 일인지는 대부분의 인간 관계를 놓고 생각해보면 알 수 있다. 누군가 우리에게 깊은 상처를 주었을 경우 우리들 대부분은 그 사람과는 더 이상 관계하지 않고 싶어한다. 결코 우리가 먼저 자진해서 다가가려 하지 않는다. 상처를 준 그 사람이 사과하며 다가온다면 아마도 그의 말을 들어줄 용의는 있을 수 있다. 그러나 먼저 손을 내밀고 자진해서 다가가지는 않을 것이다. 그렇게 할 수 있다면 그것은 신적인 사랑이지, 사람들 사이에선 거의 경험하지 못할 일이다.

내가 아는 한에서, 기독교를 세상의 다른 종교들과 가장 확연히 구별 지어주는 것이 있다면 그것은 바로 이 진리이다. 우리가 믿는 하나님은 우리와의 관계에 있어 언제나 먼저 행동하시는 하나님이다. 기독교 신앙의 하나님은 우리를 원하시는 하나님, 우리를 갈망하시는 하나님, 우리가 응답할 때까지 결코 쉬지 않으시는 하나님이시다.

마지막으로 세번째 진리가 있다. 값비싼 대가를 지불하는 **사랑**이 바로 그것이다.

아니, 하나님이 우리를 사랑하시고 용서하시는 일에 어째서 누군가가 반드시 죽어야만 했을까? 하나님이 그저 "나는 너를 사랑한다. 그러니 이제 너의 죄는 문제 삼지 않을 것이다" 하고 말씀하시면 끝나는 일이 아니었던가?

이것은 좋은 질문이고 대답할 만한 가치가 있는 질문이다.

이번에도 우리 인간 관계를 놓고 생각해보자. 당신이 깊은 상처를 준 어떤 사람에게 가서 "미안해, 지난번 내 행동에 대해 정말 사과해" 하고 말했다고 하자. 그가 "아니 뭐 괜찮아. 그거 별로 신경 쓰고 싶지 않아.

그냥 잊어버려"라고 응답이 온다면 당신은 어떤 기분이 들겠는가? 그 말이 진정으로 용서하는 말로 느껴지지 않을 것이다. 그렇지 않은가? 우리의 잘못이 큰 것이었다면 더더욱 그렇다.

"그냥 잊어버려"라는 말은 일종의 용서일 수도 있으나, 사실은 이런 의미에 더욱 가깝다. "네 말과 행동에 신경 쓸 만큼 관심이 많은 줄 알아? 네가 내게 그리 중요한 존재가 아닌 거 몰랐어? 사실 너는 내게 그리 중요한 존재가 못돼."

그러나 우리를 향하신 하나님의 반응은 전혀 다르다.

진정한 사랑, 진정한 용서란 상처받은 상대에게 내 마음을 내어주는 것, 그의 고통과 아픔을 느낄 뿐만 아니라 그것을 없애주고 싶어할 만큼 나의 마음을 진정으로 내어주는 것이다. 그 대가가 무엇이든 상관없이. 그렇게 우리를 사랑하시고 용서하신 분이 바로 예수님이다. 그 대가가 무엇이든 상관없이.

하나님이 예수 그리스도 안에서 나를 위해 행하신 일, 그 은혜와 그 용서, 그 대가를 지불하는 사랑에 대해 생각할 때면 나는 언제나 할 말을 잃고 만다. 내 감정을 묘사할 적절한 말을 찾지 못한다. 나의 삶이 더 이상 예전과 같지 않다는 것만이 내가 아는 전부이다. 내 안에서 깊은 감사가 솟아난다. 이처럼 진정한 사랑과 참된 용서를 받는 것, 이것은 내가 아는 최고의 좋은 소식이다. 이것에 비견할 수 있는 것은 아무것도 없다. 정말로 나는 내 삶 속에서 하나님의 크신 은혜를 경험해왔다.

당신에게 한 가지 묻고자 한다. 이와 같은 은혜에 **당신은** 어떻게 반응하고 있는가?

더 깊은 공부와 생각을 위한 질문들

- 이 장에서 나는 구속에 대한 필요를 느끼려면 먼저 자신의 죄성을

인정하는 것이 중요하다고 말했다. 당신은 스스로를 죄인으로 여기는가? 자신의 죄를 인정하는 것이 왜 건전한 일인가? 건전하지 못한 죄의식에는 어떤 것들이 있는가?
- 예수님의 십자가의 죽음이 그리스도인들이 주장하는 대로 역사상 가장 중요한 사건이었다면, 어째서 이 세상에는 여전히 죄와 악이 이토록 만연해 있는가?
- 당신이 알고 있는 예술이나 문학작품 중에서—혹은 당신의 삶 가운데서—대속(atonement)의 예가 될 만한 것들이 있는가?

Remembering the Faith: What Christians Believe

성령은 어떤 분이신가

삼위일체의 세번째 분

당신을 상징하는 바람이 그러하듯
우리를 앞으로 밀어 주옵소서.
비둘기가 그러하듯
우리를 하늘을 향해 나아가게 하소서.
물이 그러하듯
우리의 영혼을 정화시켜 주소서.
구름이 그러하듯
우리의 유혹을 누그러뜨려 주소서.
이슬이 그러하듯
우리를 침체로부터 소생시켜 주소서.
불이 그러하듯
우리의 불순물을 제거시켜 주소서.

크리스티나 로제티, "성령께"(*To the Holy Spirit*)

몇 해 전 ABC 방송국이 미국인의 종교 동향을 주제로 만든 뉴스 프로그램에 앵커인 피터 재닝스(Peter Jennings)가 존 윔버(John Wimber)와 인터뷰하는 장면이 있었다. 존 윔버는 '의로운 형제들'(Righteous Brothers)과 더불어 활동했던 가수로 알려진 인물이다.

윔버는 한 흥미로운 이야기를 들려준다. 전에 함께 활동하던 그룹은 이미 해체된 지 오래였고 자신은 헤로인 중독 치료를 받고 있었다. 자기 삶의 영적 의미를 찾고 있을 때의 일이었다. 어느 일요일 아침, 그는 남부 캘리포니아의 한 장로교회 안으로 어슬렁어슬렁 걸어 들어갔다. 그 교회의 일요일 아침 예배에 두 번 정도 참석한 후에 윔버는 교회 안내자에게 다가가 이렇게 물었다. "저, 그 일은 언제 하죠?"

의아한 표정을 지으며 안내자가 대답했다. "그 일이라뇨? 어떤 일을 말씀하시는 겁니까?"

윔버가 말했다. "거 있잖아요, 그 일. 그러니까, 예수님이 하신 일 말이죠. 병자를 고쳐주고, 장님 눈을 뜨게 해주는 그런 일 말이에요."

안내자의 대답은—이것이 핵심적인 대목인데— 이랬다. "아, 그런 거요. 우리 교회는 그런 거 하지 않습니다."

잠시 싱그레 미소를 지어 보이던 윔버는, 그후 자신이 빈야드 교회를 세우게 된 이야기를 들려주었다. 그 교회는 눈부시게 성장했고 현재 북미 전역에 걸쳐 빈야드 교회들이 퍼져 있다. 윔버는 지금 많은 사람들이 "예수님이 행하셨던 그런 일"에 굶주려 있다고 결론짓는다. 이를 증명하듯이, 화면에는 수많은 사람들이 운집한 여러 대형 집회장 모습이 비쳤다.

지난 60년대 후반과 70년대 초, 기독교회는 소위 "은사주의 부흥"(charismatic renewal)을 경험했다. 오순절파 그리스도인들—방언과 신유 은사, 귀신을 쫓는 일 등을 행하는 이들—은 오래 전부터 있어왔지만 이 운동은 무언가 새로운 것이었다. 은사주의 운동은 거의 모든 교파에, 심지어 장로교처럼 전통적으로 은사주의 스타일 예배와 거리가 있던 교파들에게까지 영향을 끼쳤다.

역사가들의 연구에 따르면, 그 시절 많은 사람들은 기존의 예배에 만족을 느끼지 못했고 뭔가 그 이상의 것을 찾고 있었다. 그들에게 교회는 거대한 관료조직처럼 느껴졌으며 예배는 경직되고 형식적일 뿐 생명력이나 활력을 거의 느낄 수 없었다. 그들은 그 이상의 것을 원했다. 그들은 살아 계신 하나님을 자기 내면에서 경험하기를 원했다. 그런데 그들은 바로 은사주의 예배에서 그들이 찾던 것을 발견했던 것이다.

> 성령이 사람에게 임하시는 것은, 단순히 뭔가를 일으키시려는(effect) 것이 아니라 그 사람을 성령 자신으로 가득 채우시려는(fill) 것이며, 단순히 방문하시려는(visit) 것이 아니라 그 사람 안에 거하시려는(dwell) 것이다…결론적으로 말해, 성령은 한 인격체이시다. 따라서 지금 그분이 계신 곳에는 그분의 전체 가운데 삼분의 이나 사분의 삼만이 계시는 것이 아니라, 그분의 전체가 그곳에 계신 것이다.
>
> 프레데릭 데일 브루너(Frederick Dale Bruner),
> 성령신학(*A Theology of the Holy Spirit*)

은사주의 예배의 **전형** 같은 것은 존재하지 않지만, 우리는 어떤 공통 요소들은 말해볼 수 있다. 가령 기도하거나 찬양할 때 손을 드는 것, 헬라어 신약성경이 말하는 글로솔랄리아(glossolalia, "방언"), 질병의 치유 체험과 간증, 그리고 성령 세례를 받았다는 주장 등. 흥미롭게도 내가 관찰한 바에 따르면, 텔레비전에 예배를 중계하는 교회들은 대개 이러한 요소의 전부 혹은 일부를 화면에 등장시킨다.

그러나 다른 한편에서는, 예배에 성령의 역할을 강조하는 이들의 주장에 대해 혼란을 느끼는 그리스도인들도 있다. 예를 들어, 모든 것을 "점잖고 질서 있게" 하는 것에 자긍심을 가져온 장로교인들에게는 은사주의 예배 스타일은 흔히들 거부감을 일으킨다. 그러나 은사주의 그리스도인들은 그리스도인이면 **누구나** 성령에 대한 증거를 보여줄 수 있어야 한다고 주장하기도 한다. 그들에 따르면 교회에 다니고, 기도하고, 선교에 동참하는 것으로 충분치 못하다. 무릇 그리스도인이라면 자신의 삶에서 성령의 은사들—특히 방언과 같이 눈으로 확인될 수 있는 은사들—을 분명히 나타내 보일 수 있어야 한다고 강조하기도 한다.

내 주위 그리스도인들, 가령 우리 교회 성도들의 경우는 이러한 주장을 곤혹스러워한다. 이웃이나 직장 동료들이 자신들에게 "성령 세례"를 받기를 원하는지 물어올 때가 있다는 것이다. 흔히 이러한 초대에는 진정한 그리스도인이라면 마땅히 그래야 한다는 주장이 은근하게, 아니면 노골적으로 들어 있다. **진짜** 그리스도인이라면 마땅히 방언을 할 줄 알아야 한다는 것이다.

이런 주장을 하는 동료 그리스도인들에게 우리는 뭐라고 말해야 할까? 삶의 여러 영역들, 특별히 예배에 있어서 성령의 역할에 대해 우리는 어떻게 이해해야 하는가? 그리스도인들은 과연 성령에 대해 무엇을 믿고 있는가?

은사주의 운동을 공감하며 이해하기 위한 한 가지 유익한 방법은 그것의 역사를 살펴보는 것이다. 다른 무엇보다도, 기본적으로 은사주의 운동은 하나님을 인격적으로 경험하려는 간절한 갈망으로부터 생겨났던 것이다. 그 운동은 능력의 하나님을 인격적으로, 신비로우신 하나님을 인격적으로, 살아 계신 하나님을 인격적으로 경험하려는 갈망, 즉 사도행전이 보여주는 그러한 하나님을 경험하려는 갈망으로부터 생겨났다. 사실, 역사적으로 많은 교회의 예배들이 단순히 경직되고 형식적이며 냉랭하고 생기가 없었던 게 사실이다. 은사주의 운동은 하나님에 대해 우리가 망각하거나 간과했던 몇몇 진리들을 상기시켜주는, 기독교회에는 너무도 필요했던 **부흥** 운동이었다.

예를 들어보자. 성령에 대해 말하는 것은 단순히 "객관적으로 존재하는" 하나님, "과거 역사 속에서" 행동하신 적이 있는 하나님에 대해 말하는 것이 아니다. 성령에 대해 말한다는 것은, 우리가 직접 다가갈 수 있는 하나님에 대해 말하는 것이다. 단순히 우리 가까이 계신 하나님이 아니라 우리 **안에** 계시는 하나님, 우리의 삶을 생기 있게 하고 변화시키시는 하나님에 대해서 말하는 것이다. 이것은 우리 그리스도인들이 다시 상기할 필요가 있는 진리이다.

모든 그리스도인들은 마땅히 성령의 은사들을 보여줄 수 있어야 한다고 말하는 사람들에게 우리가 할 수 있는 또 다른 응답은, 그 운동을 좀더 인격적인 관점에서 바라보자는 것이다. (다른 말로는, 먼저 우리가 그 운동에 동의해야 한다.) 만일 우리가 신앙인이라면 **마땅히** 우리 삶 속에서 성령의 임재하심에 대한 증거를 보여줘야 하며, 또한 **마땅히** "성령의 은사들"을 보여줄 수 있어야 한다.

그러나 한 가지 질문이 있다. 성령의 은사들을 보여준다는 것이 대체 어떤 것인가?

바울이 고린도교회에 보낸 첫번째 편지(특별히 12-14장)를 보면, 그는 성령의 은사들에 대해 상당히 많은 가르침을 주고 있다. 이것은 당시 고린도교회가 영적 은사 문제로 시끄러웠기 때문이다. 그 장들은 모든 그리스도인들이 읽을 필요가 있는 유익한 내용인데, 성령이 우리 삶 속에서 행하시는 사역의 중요성 문제를 직접 다루고 있다. 그 말씀에서 발견되는 가장 중요한 진리는, 우리 모두는 "공공의 유익"을 위해 사용되도록 각기 다양한 은사들을 부여받았다는 사실이다. 다시 말해 은사에는 여러가지가 있으며, 우리가 그것들을 나누어 받은 것은 각자 자기 몫의 역할을 하기 위한 것이다.

바울은 어떤 이들에게는 사도가 되는 은사, 또 어떤 이들에게는 선지가가 되는 은사, 또 어떤 이들에게는 교사가 되는 은사가 주어졌다고 말한다. 사실 은사의 목록은 상당히 길다. 거기에는 방언뿐 아니라 리더십과 치유와 관련된 은사들도 들어 있다. 그러면서 바울은 다음과 같이 반문한다. "다 사도겠느냐 다 선지자겠느냐 다 교사겠느냐…." 바울의 말은 우리 모두가 동일한 은사(예를 들어 방언)를 가져야 하는 것이 아니라 다양한 은사들을 통해 서로 협력할 때, 부분의 총계보다 더 큰 효과가 발휘되어 우리 공동체가 풍요로워진다는 것이다.

> 오, 우리에게 당신의 아들을 구원자로 보내신 아버지 하나님, 우리 안에 매일매일 당신의 성령의 능력을 새롭게 하시어 우리가 지식과 열정, 용기와 사랑, 감사와 희망을 가지고 당신을 힘있게 섬기며 나아가게 하소서.
>
> 윌리엄 템플(William Temple), 캔터베리 대주교

마지막으로, 고린도전서 13장에서 바울은 "훨씬 더 좋은 길"에 대해 말하고 있다. 그것은 바로 사랑이다. 감상적인 느낌이나 낭만적 사랑이 아니라 예수님이 보여주신 **아가페** 사랑, 자기를 버리고 희생하는 그런 사랑이다. 성령의 모든 은사들 가운데 가장 위대한 것이 사랑이며, 사랑 없이는 결국 다른 모든 것들은 "아무것도 아니다."

갈라디아서에서도(5:22-23) 바울은 "성령의 열매"에 대해 언급하고 있다. 이 구절들이 강조하는 것 역시 성령이 우리 안에 계시면 우리가 그 증거를 보여줄 수 있어야 한다는 말씀이다. 즉 사람들이 볼 수 있도록 우리에게 그 증거가 나타나야 한다는 것이다. "사랑, 희락, 화평, 오

래 참음, 자비, 양선, 충성, 온유, 절제"—이런 것들은 바울이 말한 것처럼 성령이 우리 안에 계시는 표지들이다. 그러나 성령의 열매의 반대것은 "육체의 일"(갈 5:19-21)인데, 결국 이 둘 중의 하나가 우리에게 나타나게 되는 것이다.

성령에 대해 기억해야 할 중요한 사실이 또 하나 있다. 성령의 본질에 대해 말하는 것은 쉽지 않을 뿐더러 거의 불가능한 일이다. 성령의 본질이 정확히 무엇인지를 말하기보다는, 성령이 우리 안에서 또 우리 가운데서 행하시는 일에 대해 설명하는 것이 훨씬 쉽다. 또한 성령이 지금 정확히 어디에 계신지 말하기보다는, 성령이 지금까지 어디에 계셨던가를 말하는 편이 훨씬 쉽다.

최근 어느 오순절 설교에서 윌리엄 윌리몬이 한 말이 내게 큰 도움이 되었다. 그에 따르면, 성령을 묘사하려는 것은 마치 불과 바람—둘 모두가 성경이 성령에 대해 말할 때 사용하는 은유들이다—을 묘사하려는 것과 같다.

윌리몬은 이렇게 말한다. 어떤 사람이 불을 묘사하면서 "처음엔 연기 냄새가 났고, 그 다음엔 사이렌 소리가 들렸고, 마지막에는 하늘이 온통 붉게 변하는 것을 보았다"고 했다면, 우리는 그에게 "그건 불이 아니야. 그저 연기 냄새, 사이렌 소리, 붉은 빛일 뿐 불 자체는 아니지" 하고 말할 것이다. 마찬가지로 어떤 사람이 바람을 묘사하면서 "나뭇잎들이 살랑살랑 움직이고, 매달아놓은 장식물들이 딸랑거리더니, 마지막에는 집 안 어디선가 문이 쾅 닫히는 소리가 들렸다"고 했다면, "그건 바람이 아니지. 그저 나뭇잎의 움직임, 금속 소리, 문이 닫힌 것일 뿐 바람 자체는 아니야" 하고 말할 것이다.

윌리몬은 성령에 대해 말하는 것도 이와 같다고 강조한다. 즉 우리는 성령이 일으키시는 효과에 대해 언급함으로써, 또한 성령이 우리 안에서 우리를 통해 행하시는 일을 가리킴으로써 성령에 대해 말할 수 있을 뿐이다. 성령은 신비이다. 따라서 성령에 대한 모든 묘사는 어느 정도까지만 그분에 대해 말해줄 수 있을 뿐이다.

오순절 날 사도 베드로는 성령으로 충만했다. 그러나 사도행전은 주로 성령께서 베드로에게 일으키신 효과에 대해서 말하고 있다. 별로 배우지 못했고 지도력도 부족하고 사역 훈련도 지극히 일천했던 베드로였다. 그러나 사도행전을 보면, 그런 그가 성령의 충만함을 받자 예루살렘에 모인 거대한 군중들 앞에서 생명을 건 말씀을 선포했으며, 3천 명이나 되는 사람들이 그의 말에 "마음이 찔렸고", 그들을 통해 한 운동이 일어났으며, 그 운동은 교회가 되었고, 마침내 로마제국 전체를 뒤집어놓게 되었던 것이다.

바로 **그것이** 성령이었다. 그러나 이렇게 반문하는 사람도 있을 것이다. "그것이 성령은 아니지요. 그저 용기와 감동을 주는, 한 사람이 위급한 때를 잘 헤쳐나간 이야기일 뿐이지 그것 자체가 성령은 아니잖아요?"

그러나 성령에 대해 이렇게 묘사하는 것이 신앙인들에게는 최선일지 모른다. 창조 기사를 생각해보자. 여러 면에서 그것은 지금의 우리 이야기와 흡사하다. 창세기 1:2은 "하나님의 신(바람)이 수면에 운행하시니라" 하고 말씀한다. 하나님의 창조 능력이 나타난 것은 바로 그때였다. 온 우주가 생명을 갖게 된 것이다. 우리가 믿듯이 그 바람은 바로 하나님의 영(the Spirit of God)이었다. 또한 최초의 인간 창조 기사에 대해 창세기 2:7을 보라. 그 말씀에 따르면, 하나님은 흙으로 사람을 빚으셨고 "생기를 그 코에 불어넣으셨다." 그 표현대로 "사람이 생령이 된" 것은 바로 그때였다. 비로소 인간이 생명을 갖게 된 것이다. 여기서도 그 생기는 바로 하나님의 영이었다.

그리스도인들은 성령이 바로 이와 같이 일하신다고 믿는다. 혼돈한 공허, 흙덩어리, 베드로라는 이름의 갈릴리 어부―거기에 각각 성령이 나타나셨고, 생명의 선물을 전하셨던 것이다.

| "성령"에 관하여 당신은 무엇을 믿고 있습니까?
| 첫째, 그분은 성부와 성자와 더불어 영원하신 하나님이십니다. 둘째, 그분은 인격적으로 제게 오셨고, 그래서 저로 하여금 참된 신앙을 통해 그리스도와 그분의 모든 축복들에 참여하게 하시며, 저를 위로하시고, 영원히 저와 함께 계십니다.

주의 날 20, 하이델베르크 교리문답, 1563

성령에 대해 기억해야 할 또 다른 중요한 사실이 있다. 신약성경에 따르면, 성령이 어떤 분인지 알기 위해서 우리는 예수님을 바라보아야 한다. 예수님과 성령은 두 가지 중요한 방식으로 서로 관계를 맺고 계신다.

첫째, 예수님은 성령을 받아(막 3:16) 그분과 함께 동행하신 분이셨고, 예수님이 병자를 치유하시고, 귀신을 쫓아내시고, 가난한 자에게 복음을 전파하신 것은 모두 성령을 통해서였다(눅 4:18). 복음서는 우리에게 성령이 어떤 분이며 내 안에 성령을 모신다는 것이 어떤 것인지 알려면 예수님을 보라고 말한다. 한 신학자의 표현에 따르면, 예수님은 성령으로 충만한 사람이 된다는 것이 어떤 것인지 우리에게 보여주는 "최상의 본"이시다.

여기서 나의 관심을 끄는 것은 예수님은 소위 **영적인** 사람이라는 정의에 부합하지 않으셨다는 점이다. 당시 종교인들이 보기에 그랬고, 아마 우리 시대 종교인들이 보기에도 그럴 것이다. 그분의 행동은 스스로를 선량한 종교인으로 자처하는 이들의 눈살을 거듭해서 찌푸리게 만들었다. 예수님은 즐거운 시간을 갖는 것을 즐기셨다. 그분은 온갖 부류의 사람들이—도덕성을 의심받는 사람들까지도—모이는 파티에도 즐거이 참석하셨다. 그들과 더불어 식사하셨으며, 그들과 더불어 이야기를 나누셨다. 그들을 변호해주셨을 뿐만 아니라 그 사람들에게 사랑과 연민을 베푸시는 일에도 각별하셨다. 그러나 그분의 선택은 물질적이고 대중적인 성공의 견지에서 보면 결국 아무런 성과도 가져오지 못했다. 사실, 그것과는 정반대였다. 삶의 마지막 순간, 그분은 대부분의 사람들에게서 멸시를 받았으며 얼마 남지 않았던 친구들에게도 절망감을 안겨주었다.

그러나 심오한 성경은 역설적이게도 **이러한** 사람이 바로 성령으로 충만한 사람이었다는 것이다.

둘째, 예수님은 자신이 성령으로 충만하셨을 뿐 아니라 제자들에게 성령의 오심을 약속하셨다. 요한복음 14-15장에서 예수님은 제자들에게 고별 말씀을 전하시면서, 자신이 "보혜사" "진리의 영"을 보내실 것을 약속하셨다. "보혜사"가 오는 목적은 가르치고, 제자들에게 예수님 자신이 하신 말씀을 기억나게 해주는 것이었다. "아버지께서 내 이름으로 보내실 성령 그가 너희에게 모든 것을 가르치고 내가 너희에게 말한 모든 것을 생각나게 하시리라"(14:26).

마지막으로 살펴볼 것이 있다. 신학자들은 흔히 성령을 우리에게 그리스도를 "재현시키는"(현재에 다시 나타내는, re-presenting) 분으로 설명한다. 이것은 성령이 별도의 분리된 존재가 아니라 삼위일체 하나님의 삼위이시라는 사실을 상기시켜준다. 성령을 통해 그리스도가 재현될 때, 마치 공간과 시간의 간격이 메워지는 것과 같다. 성령을 통해서 그리스도는 단순히 과거의 기억에만 존재하거나 언젠가 다시 오실 분이 아니라, 바로 현재—지금 여기—우리와 함께 계시는 분이 되신다.

존 칼빈의 언급처럼 우리가 "그리스도와 그분의 모든 혜택을 누리게 되는" 것은 바로 "성령의 능력"을 통해서이다.

당신의 삶 속에서 성령은 지금 어떻게 살아 계시는가?

더 깊은 공부와 생각을 위한 질문들

- 많은 그리스도인들이 좀더 인격적인 신앙—머리로 생각하는 신앙이 아니라 가슴으로 느끼는 신앙—의 필요성을 느끼고 있다. 이러한 그리스도인들에게 성령은 어떻게 도움이 되는가?
- 당신의 신앙에서 성령은 얼마나 중요한 자리를 차지하고 있는가? 개인의 경건 생활에 있어서는? 당신은 성령을 향해 기도하는가?
- 하나님께 "방언" 은사나 "성령 세례"를 구해 받으라고 도전하는 그리스도인들이 있다면 당신은 무엇이라 대답하는가? 또 그렇게 대답하는 이유는 무엇인가?

Remembering the Faith: What Christians Believe

성령은 어떤 일을 하시는가

교회

| "거룩한 공 교회"(the Holy Catholic Church)에 대해 당신은 무엇을 믿습니까?
| 나는 하나님의 아드님께서 세상의 태초로부터 종말까지 자신의 성령과 말씀을 통해, 전체 인류 가운데 영생을 위해 선택되고 참된 신앙 안에서 연합된 한 공동체를, 자신을 위해 모으시고 보호하시며 보존하심을 믿습니다. 또한 나는 지금 이 공동체의 살아 있는 지체이며 또 앞으로도 그러할 것입니다.

주의 날 21, 하이델베르크 교리문답, 1563

당신이 그리스도인이라면, 당신은 다른 그리스도인들과 더불어 지체가 되어 살라는 부름을 받은 자이다.

처음에 나는 무릇 그리스도의 제자는 다른 제자들과 유대 관계를 맺어야 한다는 식으로 말하려고 했었다. 그러나 그런 식의 표현은 마치 그 관계가 임의적 선택의 문제인 것처럼 오해할 소지가 있다는 생각이 든다. 사실 그리스도의 제자가 된다는 것과 다른 제자들과 지체가 된다는 것은 동일한 말이다. 다른 여지는 있을 수 없다.

오래 전에 교회는 이 신념에 대한 표현으로 "교회 밖에는 구원이 없다"(outside the church there is no salvation)고 고백해왔다. 지금 생각하면 이 표현이 오늘 우리 시대의 교회와는 상관없는 것 같지만, 교회는 결코 이 주장을 철회한 적이 없다.

지금도 여전히 교회는 예수 그리스도를 당신의 주님과 구원자로 고백하는 순간, 당신은 동일한 신앙고백을 했던—살아 있거나 이미 죽은—다른 모든 사람들과 당신 자신을 하나로 묶는 것이라고 가르친다. 당신이 예수 그리스도에 대한 신앙을 고백하는 순간, 당신이 알든 모르든 상관없이 당신은 이미 교회의 지체가 된 것이다.

이번 장에서 나는 교회—하나의 특정 교회뿐만 아니라 모든 지역 모든 시대에 걸쳐 존재하는 것으로서의 교회—의 지체가 된다는 것이 어떤 의미인지 좀더 자세하게 말하려고 한다.

교회의 지체가 된다는 것은 오늘날 무슨 의미인가?

성령은 어떤 일을 하시는가 *141*

시카고 시내에 위치한 제4장로교회 목사인 존 뷰캐넌(John Buchanan)이 쓴 책 중에 「교회로서 공동체 되어가기」(Being Church, Becoming Community)라는 책이 있다. 그는 어느 특별했던 주일 아침 경험을 그 책에서 언급하고 있는데, 그 경험을 통해 그가 어떤 통찰을 얻게 되었는지 들려주고 있다.

존은 휴가중이었다. 그러나 집안 일로 시카고로 돌아와야 했던 그는 토요일 밤을 집에서 보냈다. 그는 주일 아침에 일어났지만 예배를 인도하러 가지 않아도 된다는 사실이 무척 낯설고 어색하게 느껴졌다. 그는 무엇을 해야 할지 잘 몰랐다. 그는 아침 예배중인 제4장로교회 발코니로 조용히 들어가 동료 목회자의 설교를 들었다. 그리고 나서, 자전거를 타고 호숫가를 따라 오랫동안 달렸다.

주일 오전을 그렇게 자전거를 타고 가노라니, 자신이 마치 낯선 나라를 여행하고 있는 것처럼 착각할 정도였다. 주일 아침 세 시간의 자유시간. 이것은 그에게는 전혀 새로운 경험이었다. 참으로 많은 사람들이 교회 아닌 다른 곳으로 발길을 향하고 있는 모습, 너무도 즐거운 시간을 보내고 있는 그들의 모습을 볼 수 있었다. 시카고 시내가 온통 생동하는 듯 너무나 아름다운 날이었다! 낯선 카페에 들어가 오믈렛을 주문하고 누군가 두고 간 뉴욕타임스 신문을 집어 읽으면서 그에게는 이런 의문들이 떠올랐다.

이렇게 좋을 수가! 나는 생각했다. 이 얼마나 멋진가! 이 얼마나 아름다운 도시인가! 이 얼마나 신나는 일요일 아침인가! 시카고의 자유롭고 상쾌한 이 아침, 자전거로 호숫가를 달리고 커피를 마시며 신문을 읽고 맛있는 덴버 오믈렛을 주문해 기다리는 이 좋은 선물들을 무엇 때문에 우리는 다른 방식으로 사용해야 한단 말인가?

분명한 것은, 오늘날 많은 사람들이 이와 동일한 질문을 스스로에게 던지고 있다는 사실이다. 그리고 그들은 교회를 떠남으로써 그 질문에 답하고 있다. 오늘날 많은 사람들이 떼지어 교회로부터 멀어지고 있는 것이다!

최근 연구조사를 보면 미국인들의 예배 출석률은 전과 비교해 현재 최악의 상태이다. 이런 수치는 소위 "사막의 폭풍 효과"라고 불렸던 이라크 전쟁 동안 잠시 올라간 적이 있었으나 전반적으로 현재 미국인들의 예배 출석률은 깊은 나락으로 떨어지고 있는 중이다. 일반적으로 볼 때, 90년대 미국 교회는 고전을 면치 못한 시기였다.

대부분 사람들의 교회 참석 정도가 낮은 이유가 무엇인지 아는가? 시간이 없어서? 아니다. 적어도 그들이 말하는 이유는 그것이 아니다. 그 이유는 바로 교회가 그들의 삶에 아무런 의미를 주지 못하기 때문이다. 또한 교회가 주리라 약속했던 것을 주지 못할 때가 너무 많기 때문이다.

그 연구조사에 의하면, 심지어 교회에 대해 마음이 열려 있는 사람들에게서도 교회에 대한 실망과 배신감을 읽을 수 있었다. 그들은 교회가 말과 실상, 겉과 속이 다를 때가 너무 많다고 지적한다.

매주 AA모임(Alcoholic Anonymous: 알코올 중독 방지회 모임)에 거의 빠지지 않고 나가는 우리 교회 한 지체는 내게 이렇게 말한다. "목사님, 어떤 경우에는 AA모임이 더 교회처럼 느껴지곤 해요. **거기서** 우리는 실제로 신약성경을 우리 삶에 적용하거든요. 그런데 주일 아침, 교회에서는 그런 경험을 하지 못하지요."

한 신학자는 이런 현상을 두고 "세목의 스캔들"(scandal of particularity)이라고 표현했다. 이상으로서의 교회는 좋은 것이지만, 실제로 존재하는 교회 하나하나는 우리를 당혹스럽게 만든다는 것이다. 이미 중세 때도 교회는 이 문제—이상적 교회와 실제 교회와의 괴리 문제—를 놓고 씨름했고, 그런 고민을 반영해주는 말도 만들어 냈었다. 아마 당신도 전에 들어보았을 것이다. "보이는" 교회와 "보이지 않는"

교회가 바로 그것이다.

> 교회와 세상은 항상 있을진대
> 사람의 마음
> 그 둘 사이에서 갈팡지팡 오가며, 선택하며 선택되고
> 용맹함과 저열함, 어두움과 충만한 빛,
> 지옥의 문과 천국의 문 사이에서 오락가락하리라.
> 그러나 지옥의 문은 결코 이기지 못하리니
> 지금은 어둠이지만, 결국
> 빛이 이기리라.
>
> T. S. 엘리엇, 「바위」(The Rock)

보이는 교회란 우리가 지금 보고 있는 교회로서, 우리를 자주 당혹스럽게 만드는 바로 그 교회를 말한다. 말과 행동이 다른 교회, 말로는 사랑한다고 해놓고선 실제 행동은 그렇지 못할 때가 많은 교회가 보이는 교회이다. 반면 보이지 않는 교회란 결코 우리가 도달할 수 없어 보이는 이상으로서의 교회를 말한다.

존 칼빈은 보이는 교회와 보이지 않는 교회라는 이런 구분을 좋아하지 않았다. 비록 그 자신의 제네바 교회도 이상과는 멀리 떨어진 교회였지만, 그의 관점에서는 교회는 결코 그저 하나의 이상으로서 존재할 수 없기 때문이었다. 대신 그는 교회를 과정 중에 있는 존재로 표현하기 좋아했다. 아직 목표에 도달하지는 못했지만 지금 우리는 그곳을 향해 가고 있는 중이다. 때로는 느리고 힘겹게, 그러나 하나님이 부르신 그 모습의 교회가 되기 위해 언제나 분투하면서. 베드로전서 2:9-10("너는 택한 족속이요 왕 같은 제사장이다")을 읽어보면, 그 말씀에는 바로 이러한 분투의 의미가 담겨져 있다. 그 주변 구절들 역시 베드로가 무엇인가 나아질 수 있는 사람들, 무엇인가 나아지기를 **원하는** 사

람들에게 편지를 쓰고 있음을 느끼게 된다. 따라서 베드로는 그들에게 말씀으로 권고하며, 하나님이 의도하신 본래 모습이 되라고 그들에게 도전하고 있는 것이다.

전통적으로 그리스도인들은 우리를 부르셔서 교회가 되도록 세워주시는 분은 성령이시라고 고백해왔다.

여기서 질문은 이것이다. 그렇다면 그 방법은 무엇인가? 어떻게 하면 교회의 세우심을 위해 부름받은 우리가 지금보다 더 나아질 수 있는가? 어떻게 하면 우리 삶 안에서, 보이지 않는 것을 보이도록 함께 만들어갈 수 있는가?

'비밀과 거짓말'(Secrets and Lies)은 나에게 이 문제를 더 잘 이해하도록 도와준 영화다. 영화의 배경은 영국이며 계급차별 문제를 다루고 있다. 주인공은 호르텐스라는 이름의 한 흑인 여성으로, 시력측정의사이다. 대학 교육을 받은 그녀는 어느 정도는 성공한 사람에 속한다. 어느 날 그녀는 자신을 낳아준 어머니를 찾아야겠다는 결심을 한다. 그러나, 막상 찾고 보니 자기 생모는 백인이었다. 영화의 맥락에서 이것은 다소 충격적인 사실이었다. 영화는 생모와 그 가족이 그다지 변변치 못한 삶을 살고 있음을 보여주면서 갈등구조는 계속된다. 그들은 교육도 별로 받지 못했고 사무실 책상에 앉아서 일하는 이들도 아니었으며, 식탁 매너도 좋지 않은 그런 부류의 사람들이었다. 호르텐스와 그녀의 생모 가족 사이에는 분명 계급 차이가 존재하고 있었다.

그러나 흥미로운 것은, 시간이 갈수록 그 가족 사이의 관계가 점점 나아져간다는 사실이었다. 그들은 조금씩 전과 다르게 행동하고 말하기 시작했다. 호르텐스라는 이 새로운 가족 구성원이 나타나자 그들은 조금씩 전과 달라져갔다. 아마 그들은 자신의 딸이자 여동생, 질녀 관계인 그 주인공에게서 지금까지는 몰랐던 자신들의 가능성을 새롭게 발견했기 때문이었으리라. 그녀의 영향을 통해 그들은 놀랍도록 좋아졌던 것이다.

내가 보는 이 영화와 교회의 연관성은 이런 것이다. 교회의 삶의 중심은 예수 그리스도이시다. 우리는 그분과 함께 있음으로, 과거의 우리보다 점점 나아져간다. 그분을 바라보며 우리에게 더 큰 가능성이 있음을, 더 많은 잠재력이 있음을 깨닫게 된다. 그러므로 우리는 전보다 점점 더 나아져간다. 물론 한번에 갑자기 좋아지는 것은 아니지만, 그분의 임재 안에 머물면서 우리는 조금씩, 서서히 나아져가는 것이다.

그리스도인들은 언제나 교회의 중심은 예수 그리스도라고 믿어왔다. 어떤 특정 교회가 정말로 교회인가를 확인시켜주는 것을 교회의 표지(marks)라고 할 수 있는데, 말씀의 선포와 성례의 거행이 바로 그것이다. 우리는 이 두 가지가 있는 곳에 바로 예수 그리스도의 교회가 존재한다고 믿는다.

> 하나님의 말씀을 순전하게 설교하고 들으며, 그리스도께서 제정하신 대로 성례를 집행하는 곳이면, 어디나 하나님의 교회가 존재한다는 사실을 우리는 의심해서는 안된다.
>
> 존 칼빈, 기독교강요, 4.1.9

이러한 교회의 표지는 중요한 것으로서 기억해둘 필요가 있다. 스스로를 그리스도인이라 부르는 사람은 교회의 표지에 대해 알고 있어야 하며 또 찾아야 한다.

아름다운 일요일 아침, 무엇 때문에 우리는 다른 곳이 아니라 교회에 가려고 집을 나서는가? 존 뷰캐넌의 질문에 대한 답은 이것이다. 바로 예수 그리스도 앞에 나아가, 그분을 통해 변화받고 우리가 감히 상상도 못했던 더 나은 자신의 모습으로 변화되어 가려는 열망 때문이다. 예배는 결코 자기 개발 프로그램이 아니다. 우리는 예배를 통해 자신이 진정 누구인지를 발견하게 된다. 하나님께서는 예배를 통해 우리 자신의 놀라운 정체성을 상기시켜주신다.

장로교 목사이자 작가인 유진 피터슨은, 오늘날 미국의 목회자들은 "상점주인"이 되어버렸다고 안타까워한다. 그들이 경영하는 상점이란 물론 교회를 말한다. 그들은 온통 상점주인이 가질 만한 관심사들에 매여 있다—어떻게 하면 고객의 기분을 좋게 만들어줄 수 있을까, 저쪽 경쟁 상점의 고객들을 어떻게 하면 이리로 꾀어올까, 어떻게 상품을 포장해야 고객들이 지갑에서 돈을 꺼내게 될까 등.

그에 따르면, 목사들 가운데는 이런 상점을 경영하는 데 아주 능숙하고 재능 있는 이들이 있다는 것이다. 그들은 많은 고객을 끌어들이고, 많은 돈을 긁어모으며, 지역사회에서 좋은 입지를 쌓는다. 그러나 그 일들을 두고 그들이 뭐라고 이름지어 붙이든, 결국 그것은 상점 경영에 불과하다는 것이다.

피터슨의 말에 동의하는 나는 그보다 한 걸음 더 나아가 이런 말을 하고 싶다. 이것은 단순히 목사들만의 문제가 아니다. 사실 교인들 자신도 교회 모임을 묘사할 때 소비자들이 사용하는 용어로 말하고 있기 때문이다.

- 요즘 사람들은 출석할 교회를 고르는 일을 "교회 쇼핑"이라고 부른다. 새로운 지역으로 이사가게 되면 그들은 자신의 특정한 필요를 만족시켜주는 교회를 '쇼핑'하는 것이다. 마치 좋은 상품을 찾아다니는 영적 소비자들처럼 말이다. 물론 교회가 성공하기 위해서는 적절한 상품과 서비스를 통해 그들의 필요를 만족시켜주어야 한다.

- 주일 예배를 마치고 집으로 갈 때 흔히 사람들은 서로에게 이렇게 말한다. "오늘 뭐 얻은 게 있어요?" "나 오늘 아무것도 얻지 못했

어. 당신은 어때?" 마치 예배의 주된 목적이 자신의 개인적 필요와 취향을 만족시켜주는 것쯤으로 여기는 듯하다. 이전의 그리스도인들은 자신을 하나님께 드리기 위해 예배드렸다는 사실을, 오늘 우리는 망각해버린 듯하다. 전에는 중요한 질문이 이것이었다. "오늘 내가 드린 예배를 하나님께서 만족하셨을까?" 그러나 오늘날에는 **우리가** 하나님에게 무엇을 드렸는가가 아니라, **우리의 필요가** 충족되었는가 그렇지 않았는가 하는 것이 더 중요한 문제가 되어버렸다.

- 오늘날 그리스도인들은 교회에 내는 헌금을, 제공받는 서비스에 대한 대가 지불로 생각하는 경향이 있다. 큰 복을 주신 하나님께 대한 감사의 응답으로서가 아니라 우리 필요—아이들을 위한 프로그램, 아팠을 때 목사의 심방 등—를 채움받기 위한 비용 지불로 여길 때가 많다. 더욱이 노련한 소비자인 우리들은 지불한 돈만큼 최대한의 서비스를 받고자 하는 것이다.

더 많은 예를 들 수 있지만, 이 세 가지만으로도 내 말의 요지가 설명되었으리라 생각한다.

분명히 무엇인가 크게 달라진 게 사실이다. 우리는 교회의 본질이 어떠해야 하는지 망각해버린 듯하다. 유진 피터슨이 분명히 표현한 것처럼, 목회자들도 이러한 망각 현상을 조장해왔다. 지금 우리는 소비자 중심 문화에 둘러싸여 있다. 그러나 분명 우리는 무엇인가 새롭고 다른 것이 되라고 부르심 받은 자들이 아닌가? 분명 우리는 새로운 공동체, 예수 그리스도 안에서의 형제 자매들, 교제와 친교가 있는 성도들이 되도록 부르심 받지 않았던가?

성령의 사역은 새로운 공동체를 이끌어내시는 것이다. 이것은 전통적으로 그리스도인들이 성령의 역사하심에 대해 믿어온 것이었다. 이에 대해 다소 놀라는 사람도 있을 것이다. 흔히 우리는 성령의 사역을 개인적인 측면—성령이 **내 안에서** 행하시는 일—만으로 한정하는 경향이 있기 때문이다. 그러나 신약성경이 분명히 보여주는 것은, 성령은 하나님의 백성이 되도록 교회를 이끌어내시고 세워나가시는 분이시다.

"교회"에 해당하는 헬라어로 신약성경에 두루 쓰이는 단어는 **에클레시아**(ekklesia)인데 "부름받아 나왔다"로 번역될 수 있다. 우리는 새로운 신앙 공동체가 되기 위해, 주변 문화와 우리가 처한 세상으로부터 부름받아 나온 사람들이다.

니케아 신조를 고백할 때 우리는 "하나의, 거룩하고, 보편적이며, 사도적인 교회"를 믿는다고 말한다. 오랜 세월 동안 이 네 형용사들—"하나의"(one) "거룩한"(holy) "보편적"(catholic) "사도적"(apostolic)—은 우리가 교회를 이해하는 데 중심적 자리를 차지해왔다. 그러나 여기서는 마지막 "사도적" 의미에 대해서 집중적으로 말하려고 한다.

오늘날에 있어서 "사도적" 교회란 어떤 의미인가?

문자적 의미에서 "사도적"이란 "사도들과 같은 노선에 있는"이라는 뜻이다. 그러나 니케아 신조에서 이 단어는 교회의 사명을 언급하는 의미로 사용되었다. 즉 우리는 사도들과 앞선 성도들처럼 하나님의 백성이 되라고 세상 속으로 보냄을 받은 자들이다. 우리는 세상으로부터 부름받아 나왔을 뿐 아니라 또한 세상 속으로 보냄을 받은 자들이다.

선교의 황금기라고 할 수 있는 18, 19세기는 교회가 성도들을 보내기가 비교적 쉬웠던 시기였다. 그 당시 교회는 전세계에 걸쳐 성도들을 파송했으며, 감사하게도 그 일들에 많은 열매가 있어 오늘날 대부분의 나라에 교회가 존재하게 되었다.

그러나 20세기 중반에 접어들면서 상황은 변하기 시작했다. 분위기가 바뀌기 시작한 것이다. 오늘날 우리는 사도적 교회가 된다는 것이 무엇인지, 파송하는 교회가 된다는 것이 무엇인지 그 의미를 망각해버렸다. 그 뜻을 제대로 알고 있는 사람들을 거의 찾아볼 수 없게 되었다.

케논 칼라한(Kennon Callahan)은 그의 책「효과적인 교회 리더십」(Effective Church Leadership)에서 이러한 변화에 대해 언급하고 있는데, 그는 예전의 상황을 "교회의 영향 아래 있는 문화"(churched culture)로, 현재 진행되어가는 상황을 일컬어 "미션 전초기지"(mission outpost)라는 말로 표현하고 있다.

> 오직 너희는 택하신 족속이요 왕 같은 제사장들이요 거룩한 나라요 그의 소유된 백성이니 이는 너희를 어두운 데서 불러내어 그의 기이한 빛에 들어가게 하신 자의 아름다운 덕을 선전하게 하려 하심이라.
>
> 베드로전서 2:9

그에 따르면 오늘날 교회를 이해할 때, 교회와 적대적이거나 그것에 무관심한 세상 속에 위치한 전초기지로 교회를 생각하는 것이 바람직하다. 전초기지에서의 삶은 언제나 위험하다. 재정은 늘 바닥나기 직전이고, 인력이나 다른 자원도 얼마 되지 않는다. 전초기지에는 멸절될 가능성이 항상 가까이 존재한다. 그러나 한편으로는 전초기지에서의 삶은 흥분되는 삶의 현장이기도 하다. 그곳의 사람들은 아주 강한 사명감과 목적의식을 갖게 된다. 자신들이 왜 그곳에 있는지 목적과 사명의식을 분명히 알며, 각자의 역할 또한 절대적으로 중요하다는 사실을 뼈저리게 체험하기 때문이다.

칼라한은 지금 우리가 회복해야 할 것이 바로 이러한 사명의식이라고 강조한다. 우리는 사도적 백성―보냄받은 사람들―이다. 그렇다면 우리는 어디로 보냄을 받은 것인가? 그 현장은 바로 지금 여기, 우리가 있는 이 자리이다. 새로운 세기가 시작된 현재 우리의 선교지는 바로 지금 우리가 서 있는 이 자리가 되어야 한다. 우리 교회 선교위원회의 표어처럼, 선교는 다름아닌 "우리 직장에서부터 시작되어야 하는" 것이다.

요한복음 20장을 보면, 주의 첫째날(지금의 주일-역주)에 문을 걸어 잠근 채 숨어 있던 제자들에게 예수님이 나타나셨다. 이것은 예배중인 교회를 묘사하는 것으로 볼 수 있다. 제자들은 두려움과 불안에 떨면서 앞으로의 일을 걱정하고 있었다. 예수님을 자신 있게 따르던 그들이었지만, 그분의 죽음으로 모든 것이 변했다. 그들의 심중에 계속되는 의문은 이것이었다. "이제 우리는 어떻게 될 것인가?"

그 낙심 중에 있는 그들에게 예수님이 나타나셔서 말씀하셨다. "아버지가 나를 보내신 것 같이 나도 너희를 보내노라. 너희는 사도가 될 것이다."

22절을 보면, 예수님께서 말씀하시고 그들에게 **숨**을 내쉬셨다. (성령에 해당하는 헬라어에는 또한 바람이나 숨이라는 의미도 있음을 기억하라.) 제자들에게 "성령을 받으라"고 말씀하신 후에, 예수님은 용서에 대한 말씀으로 끝을 맺으신다. 이제부터 그들은 용서와 사랑에 기초한 공동체가 될 것이라는 말씀이었다. 흥미를 끌 만한 어떤 프로그램 같은 것들이 아니라 그 이상의 무엇, 자석처럼 강력하게 사람을 끌어당기는 공동체를 말씀하신 것이었다.

성령께서 그들 가운데 임하시자, 이제 그들은 더 이상 예전의 그들이 아니었다. 예수님에 대해서도 서로 다른 생각을 하고 있던 그들은 이제 더 이상 흩어진 모래가 아니었던 것이다. 그들은 사명을 가진 공동체가 되었다. 그들은 스스로를 하나님께로부터 사명을 부여받은 존재로 생각하기 시작했고, 놀라운 역사를 일으키기 시작했다. 성령의 능력을 받은 그들은 세상을 뒤흔드는 능력을 입었고, 마침내는 군대 조직도 없던 그들이 로마 제국을 정복하기에 이르렀던 것이다.

오늘 우리에게도 동일한 성령이 임하시기를 기도한다.

더 깊은 공부와 생각을 위한 질문들

- 교회가 중요한 이유는 무엇인가? 교회에 가서 다른 그리스도인들과 더불어 예배드리는 것이 왜 중요한가?
- "하나님의 백성" "그리스도의 신부" "그리스도의 몸" — 교회가 자신을 묘사하는 이미지에는 여러가지가 있다. 이 가운데서 당신이 교회에 대해 생각할 때 가장 도움이 되는 이미지는 어떤 것인가?
- 선교와 복음전도에 대한 교회의 임무에 대해 정의를 내려보라.

Remembering the Faith: What Christians Believe

그리스도를 닮아가기

성화

우리는 그리스도께서 우리에게
하나님 나라를 향한 순례의 삶을 주시며 또한
요구하신다고 믿는다 …
그리스도는 우리 각자를 그 나라에 합당한
삶으로 부르신다.
그분이 우리를 섬기셨듯이 우리도 섬기며,
신실한 제자도에 따르는 결과를 감수하며
우리의 십자가를 지고,
보지 못하나 믿음으로 걸으며,
아직 보지 못한 것을 희망하며 살라고 부르신다.

신앙선언문, 1985 (미국장로교회: PCUSA)

최근에 뉴욕 지하철을 타본 적이 있는가? 아마 당신은 다른 승객들과 같은 모습을 하고 있었을지 모르겠다―다른 사람과 눈이 마주치지 않으려고 애쓰면서, 대신 지하철 벽에 붙은 광고들에 시선을 주었을 것이다.

혹시 그중에―핀란드 산 보드카 광고 바로 오른쪽―커다랗게 이런 헤드라인이 적혀 있는 광고 하나를 본 적은 없는가. **"실패자가 되라!"** (Become a Loser!)

아마 당신은 더는 읽으려고 하지 않았을지 모르겠다. 자신을 이미 실패자로 생각하고 있기 때문이거나 (따라서 당신에게 실패자가 되는 법에 관한 충고가 필요 없으므로) 아니면 실패란 당신과는 상관없는 단어이거나.

그러나 만일 그 "실패자가 되라"는 문구가 당신의 마음에 무언가 와 닿았다면 당신은 그 나머지 문구들도 읽어보았을 텐데, 그 내용은 이렇다.

지금, 당신으로 하여금 최선의 당신이 되지 못하도록 방해하고 있는 무언가를 포기할 용기를 찾고 있다면 우리에게 전화하라. 우리는 당신의 옛 삶을 잃어버리도록(lose), 그리고 새로운 삶을 세울 수 있도록 도와줄 것이다. 예수 그리스도는 모든 것을 잃으셨지만, 결국 그분은 모든 세상을 얻으셨다.

이 글을 읽고서, 당신은 흥미를 느꼈을지 모르겠다. 그 광고주가 누군지도 궁금해졌을 것이고. 그 광고의 맨 하단을 보면 거기에 '천상의 쉼 감독교회'(The Episcopal Church of the Heavenly Rest)라는 글자가 선명하게 찍혀 있고, 이어 뉴욕 맨해튼 5번가라는 주소도 적혀 있다.

나는 이 광고를 아주 높이 평가하고 싶다. 전에는 그 같은 메시지를 전하기가 쉬웠는지 모르겠지만, 오늘날은—내가 사는 일리노이 휘튼뿐 아니라 뉴욕시에서—"실패자가 되라"는 메시지를 전하기란 분명 쉽지 않은 일이다.

그 광고가 뉴욕 지하철에 처음 나타났을 때 월스트리트 저널 기자가 그 감독교회의 목사를 찾아가 인터뷰를 했다. 그 교회는 내가 지금 섬기는 교회와 상당히 비슷했다. 일년 예산 규모와 회중의 크기도 비슷했다. 그 목사에 따르면, 그 광고 캠페인에 지출되는 재정이 한달에 무려 만이천 달러 정도가 든다고 한다. 내 경험으로 볼 때 이것은 정말로 사명감을 느끼지 않고서는 웬만해서 하기 힘든 일이다.

> 끊임없이 하나님과 동행하는 것보다 더 즐거운 일은 이 세상에 없다.
>
> 로렌스 형제, 「하나님의 임재 연습」

그 교회 목사인 제임스 번스(James L. Burns)는 말한다. "전에는 모든 사람들이 신자였었다. 감리교인, 카톨릭 교인, 감독교회 교인 할 것 없이. 즉, 전에는 사람들에게 위기와 어려움에 처했을 때 돌아가 의지할 그 무언가가 있었다. 그러나 지금은 그렇지 못하다."

그의 말은 이어진다. "오늘날에는 어린 시절 교회에 다녀본 기억이 있는 젊은이들이 별로 없다. 따라서 지금은 신앙의 기본을 전하는 것 외에는 다른 방도가 없다고 생각한다."

나는 그의 말에 동의한다. 그렇다면 그리스도인의 삶의 기본이란 대체 무엇인가?

얼마 전에 나는 우리 교회 지체였던 한 대학생으로부터 이메일을 받았다. 장문의 메시지였다. 대학 4년을 거의 마쳐가는 시점에서 자신이 어떤 신앙관을 갖고 있는지를 말하는 내용이었다.

우리 교회에서 주일학교를 다니고 청소년 프로그램에 참여하면서 성장한 그는 이제 대학 졸업반이었고 취업을 준비하고 있었다. 지금껏 받았던 그 모든 신앙훈련과 교육이 이제 바야흐로 열매를 거둘 때가 된 것이다.

그런데, 그가 그 편지에서 자신의 개인적 사명을 무엇이라고 말했는지 아는가? 그는 이렇게 적었다. "잘 살고, 이웃을 위해 좋은 일을 하고, 행복하게 사는 것."

그것을 읽고서 나의 처음 반응은 이것이었다. "아니 이럴 수가. 최악이구먼. 그래도 '이웃을 위해 좋은 일을 한다'는 말이 있으니 그나마 위안이 되는군." 나는 그를 이해하고 싶었다. 나 역시 대학생 시절 어떤 부분에서는 비슷한 생각을 했던 것 같고, 지금은 그때보다 젊은이들의 생각이 많이 변했다는 것도 인정하면서. 그럼에도 불구하고 좀더 차분하게 생각하면서, 나는 깊은 패배와 절망감에 사로잡혔다. 내가 목회자로서뿐만 아니라 개인적으로도 실패했음을 느꼈다. 우리 교회가 한 사람을 제대로 키워내지 못했으며, 나 역시 그러했음을.

아니, 우리 교회 같은 데서 성장하고, 주일학교 과정을 다 거치고, 교회의 신실한 지체들과 교제하며, 젊은이 프로그램에도 참여했던 그가 어떻게 "인생에서 가장 중요한 것 세 가지 가운데 둘은 자신의 안전과 행복"이라고 말할 수 있을까? 어떻게 그런 일이 가능하단 말인가?

어찌된 일인지—나도 그 이유를 모른다—지금 우리 아이들과 젊은이들은 기독교 신앙의 핵심을 깨닫고 내면화하지 못하고 있다. 지금 우리 아이들은 교회에서 자라면서도 복음이 그들의 삶 가운데서 얼마나 철저한 헌신을 요구하고 있는지를 느끼지 못하고 있다. 이는 심각한 문제가 아닐 수 없다.

"잘 살자"는 말 자체를 걸고넘어지려는 것이 아니다. 나 역시 잘 살고 싶다. 문제는 우리 삶의 목적이 무엇인가 하는 것이다. 우리의 삶과 열정을 도대체 어디에다 바치고 있는가 하는 것이다.

영원하시고 의로우시며 자비로우신 전능하신 하나님, 우리에게 가난한 이들을 보내시어 우리가 당신을 위해 당신의 뜻을 행하고, 언제나 당신을 기쁘시게 하는 일을 하게 하옵소서. 그리하여 우리가, 내면의 정화와 빛 비추임과 성령의 불을 받아, 당신의 사랑하시는 아들, 우리 주 예수 그리스도의 발자취를 따라가게 하옵소서.

아시시의 성 프란시스코

성화(santification)는 우리에게 다음과 같은 질문을 던지는 교리이다. "그렇다면 이제 우리는 무엇을 해야 하는가?" 지금까지 우리는 이 세상이 하나님의 본래 의도와 얼마나 동떨어져 있는지, 지금의 나 역시 창조된 본래 모습과 얼마나 멀어져 있는지에 대해 들었다. 또한 이런 상황에서 하나님은 무엇인가를 행하기로 결심하셨으며, 그 결과로 예수 그리스도께서 이 세상에 오셔서 죽으셨고, 나를 위해 자신의 생명을 내어놓으셨음을 들었다. **그렇다면 이제 우리는 무엇을 해야 하는가?**

중요한 것은, 예수 그리스도 안에서 행하신 하나님의 사역은 이야기의 절반에 불과하다는 사실이다. 나머지 절반의 이야기가 남아 있는데, 그것은 우리에게 요구되는 몫이다.

2차 세계대전 당시 나치의 손에 죽임을 당한 독일 신학자 디트리히 본훼퍼(Dietrich Bonhoeffer)는, 그리스도인들에게 "값싼 은혜"(cheap grace)에 대해 경고한 것으로 유명하다. 그가 말하는 값싼 은혜란, 세상 속에서 하나님이 행하신 일을 듣고도 그리스도인인 우리가 그것에 별다른 응답을 하지 않는 경우를 말한다. 또한 값싼 은혜란, 예수 그리스도 안에 나타난 하나님의 사랑하심을 듣고도 그것에 응답하여 우리가 별다른 행동을 하지 않는 경우를 말한다. 우리가 알 듯이 하나님의 은혜는 본래가 값비싼(costly, 십자가라는 큰 대가가 치러진-역주) 것이다. 그것이 그토록 값비싼 것이기 때문에 은혜는 당연히 우리에게 응답을 요구한다. 그렇지 않을 경우에 그 은혜는 싸구려가 되고 마는 것이다.

하나님께서 우리에게 찾고 계신 응답을 일컬어 기독교의 전통적 가르침을 **성화**라고 부른다. 성화란 말 그대로 거룩해지는 과정을 의미한다. 하나님은 신앙 안에서 성장하는—또는 신약성경의 표현대로 "예수 그리스도의 장성한 분량"에 이르는 데까지 성장하는— 사람을 찾고 계신다. 즉 우리의 응답—또는 우리 삶의 목표—은 바로 예수 그리스도를 본받는 것이고, 복음서가 말하듯이 자신의 행복이나 안전보다도 언제나 다른 사람을 더 중요하게 여기셨던 그분을 본받는 것이다.

> 신약성경이 말하는 '거룩해진다' 혹은 '성화되어간다'는 말은, 우리의 삶 속에서 일하시는 성령을 통해 우리가 그리스도의 형상을 닮아간다는 것을 의미한다. 그리스도를 닮아간다는 것을 말해주는 표지는, 아무 대가없이 자신을 내어주며 다른 사람을 돌보는, 신약성경이 아가페라 부르는 그 사랑이다. 자기 중심주의라는 강박적 속박으로부터 해방되어, 우리는 하나님과 이웃을 사랑할 수 있는 능력을 부여받게 된다.
>
> 다니엘 밀리오리, 「기독교 조직신학 개론」

사도 바울은 빌립보서 3:14에서 "푯대를 향하여 그리스도 예수 안에서 하나님이 위에서 부르신 부름의 상을 위하여 좇아가노라" 하고 고백한다.

나는 유진 피터슨이 자신의 신약성경 번역본인 「메시지」(*The Message*)에서 이 구절과 그 주변 구절을 다음과 같이 옮긴 것을 좋아한다.

지금 내 말은 내가 이 모두를 다 이루어냈다거나 성취했다는 뜻이 아닙니다. 다만 나는, 나를 향해 놀랍게 다가오신 그리스도를 향해 나아가고 있는 중입니다. 친구들이여, 오해하지 마십시오. 결코 나는 달인 행세를 하는 것이 아닙니다. 우리 앞에서 하나님이 손짓하며 부르시고 계신 그 목표점, 오직 예수님을 향해 나의 시선을 고정시키고 있을 따름입니다. 나는 지금 출발하여 앞을 향해 뛰어가는 중이며, 결코 뒷걸음치지 않을 것입니다.

바울은 지금 성화를 묘사하고 있는 것이다. 어떤 의미에서는 우리에게 자신의 개인적 사명이 무엇인지를 진술하고 있는 것이기도 하다. 자신을 본보기로 제시하며 우리에게도 계속해서 앞으로 전진할 것을 독려하고 있다.

바울이 여기서 묘사하는 것처럼, 그리스도인의 삶에는 세 가지 차원이 있다고 나는 생각한다. 첫째, 그리스도인의 삶에는 긴박성이 있다. 둘째, 그리스도인의 삶은 산책 정도가 아니라 경주라는 사실이다. 마지막으로, 그리스도인의 삶에는 우리 마음을 뒤흔드는 목표, 우리 모두가 향해 가는 궁극적인 목적지가 있다.

첫째, 긴박성에 대해 말해보자.

이 구절에 대해 여러 가지 번역들이 있지만, 어떤 번역을 읽어보아도 분명히 드러나는 의미는 그리스도인의 삶에는 긴박성이 요구된다는 사실이다. 지금 바울은 의도적으로 경주, 전력질주, 전진 등의 말을 사용하고 있다. 이 구절에서 우리는 어떤 숨가쁜 분위기를 느끼게 되지 않는가?

우리에게 주어진 시간은 그리 길지 않다. 이는 특별히 우리 교회 아이들과 젊은이들, 그리고 우리 자녀들을 볼 때 갖게 되는 생각이다. 아이들이 얼마나 빨리 자라는가. 그들은 자라면서 자신들이 가장 중요하다고 여기는 것을 선택한다. 그 선택이라는 것이, 대부분 자기 자신을 우주의 중심으로 삼는 것이다. 이것도 분명 하나의 삶의 방식이기는 하다. 수많은 사람들이 이러한 방식의 삶을 선택해왔다. 그러나 인생을 사는 또 다른 방식이 있다는 사실, 이것을 우리 그리스도인들은 말과 실천을 통해 아이들과 젊은이들에게 이해시킬 필요가 있는 것이다. 뉴욕 지하철의 광고가 표현하듯이 또 다른 삶의 방식이란 "잃어버리는" 삶, 즉 자기 자신을 내어주는 삶을 말한다.

자기 자신을 우주의 중심으로 삼는 사람은 그것이 초래하는 결과 또한 받아들여야 한다. 그는 결국 공허하고 허무하며 무의미한 삶을 선택하는 것이다. 뿐만 아니라 자신의 욕망의 노예가 된다. 영화 '트루먼 쇼'(The Truman Show)에서, 주인공은 자신의 절친한 친구와 함께 선창에 앉아 있다가 갑자기 이런 질문을 던진다. "우주 전체가 마치 너를 중심으로 돌고 있다는 느낌 가져본 적 없어?" 상대를 무척 당황스럽게 만드는 질문인데, 주인공은 자신의 삶이 무언가 정상적인 것과 어긋나 있다고 느끼고 있었기 때문이다. 이렇게 극단적으로까지 우주의 중심이 되고자 하는 주인공은 결코 자유로워질 수 없었다. 역설적이게도 그것은 그 영화가 보여주듯이 일종의 속박에 다름 아니었다.

신약성경은 우리에게 우리 자신을 내어줄 때에야 비로소 자유를 발견할 수 있고, 자신을 **벗어날** 때에야 비로소 자신의 삶의 의미를 발견한다고 가르친다. 그러나 주변 문화는 우리 아이들에게 인생에서 가장 중요한 것은 우리 자신의 행복이라고 끊임없이 거짓말로 속삭이고 있다. 그러므로 우리가 아니라면 누가 그 아이들에게 그것이 거짓말이라고 폭로할 수 있겠는가?

둘째, 바울은 그리스도인의 삶을 경주로 묘사한다. 이것은 그의 긴박한 삶에 대한 또 다른 표현이다. 어떤 그리스도인은 신앙생활을 단순한 여정, 그것도 **유유자적하는** 여정쯤으로 생각하기를 좋아한다. 그들은 우리가 구경꾼으로 이 땅에 존재한다고 생각하는 듯하지만, 사실 우리는 경주하기 위해 이 땅에 존재하는 것이다. 무릇 그리스도인은 마땅히 열심을 기울이고 전력을 다해 살아야 한다. 안일한 태도는 있을 수 없다.

마지막으로, 바울은 목표, 우리 모두가 향해 나아가야 할 목적지에 대해 언급하고 있다. 우리 그리스도인들은 그 목적지가 무엇인지 정확히 아는 것이 중요하다.

그리스도인의 삶의 목표는 좋은 사람, 좋은 시민이 되는 것이 아니다. 좋은 부모, 좋은 남편, 좋은 아내, 좋은 자녀가 되는 것도 아니다. 솔직히 말하건대 그리스도인의 삶의 주된 목표가 그저 선량하고 건전하고 다른 사람을 돌보고 헌신적인 사람이 되는 것이라면, 나는 굳이 내 열정을 다 바쳐 사역에 임하려 하지 않을 것이다. 우리의 목표는 그보다 훨씬 더 높고 고상하며, 훨씬 더 가치 있는 것이기 때문이다.

그리스도인의 삶의 목표와 궁극적 목적지는, 다름아닌 그리스도를 닮아가는 사람, 그리스도를 본받는 사람이 되는 것이다.

그리스도인이 마땅히 살아야 할 삶의 구체적인 주제로는 우리 삶의 모든 영역들이 다 포함된다. 직업 문제를 예로 들어보자. 오늘날 많은 사람들이 직업은 단순히 돈벌이가 아니라 우리의 소명이라는 사실을 망각해버렸다. 결혼이나 가정 생활, 레저 등도 삶의 중요한 주제가 될 수 있다. 그러나 나는 여기서 돈을 주제로 선택하고 싶다. 대부분의 사람들처럼 내게도 이것은 무척 중요한 이슈이기 때문이다.

돈이 생기면 나는 가능한 한 빨리 그것을 없애버린다. 그것이 내 마음속으로 들어오지 못하도록 하기 위해서.

존 웨슬리

예수님은 다른 어떤 주제보다도 돈에 대해 많은 말씀을 하셨다. 그분은 우리의 영적 삶에 돈이 얼마나 막대한 영향을 끼치는지 잘 아셨다.

돈은 우리 각자가 삶의 우선순위를 정하는 데 결정적 영향력을 행세한다.

최근에 나는 우리 교회 지체였던 한 가족으로부터 편지를 받았다. 지난 여름, 이곳 휘튼에서 다른 지역으로 이사한 교인이었다. 떠나기 전 그들에게 이사갈 새 지역에 내가 아는 교회 한곳을 추천하면서 그곳에 한번 가보라고 권했었다. 그 교회 목사는 내가 잘 아는 사람인데, 나는 그들이 그 교회를 좋아하게 될 것이고 사역에도 열심을 가지게 되리라 생각했었다.

편지를 읽어보니, 그들은 반갑게도 그 교회에 출석했다고 했다. 그런데 그들이 그 교회에 출석한 날은 마침 언약 주일, 청지기 주일이었다. 특별헌금을 드리는 날이기도 했던 모양이다. 편지에서 그들은 그 교회가 썩 근사하고 교인들도 참 친절하다고 적었다. 그리고는 이렇게 덧붙였다. "그런데 우리가 간 주일은 언약 주일이었어요. 청지기 생활에 대한 설교를 들었죠. 목사님, 그 교회에 대한 인상이 더 좋아지려면 다음 주일 한번 더 나가야 할 것 같아요."

나는 혼자 생각했다. "글쎄, 청지기 주일에 좋은 인상을 얻지 못했다면 아무리 계속 다닌다고 해도 마찬가지일 텐데…." 사람들의 영적인 상태는 돈에 대한 그들의 태도를 보면 가장 정확히 알 수 있다. 그들의 재정 생활을 알 수 있다면, 당신은 그들의 삶을 가장 깊숙이 들여다본 것이다.

우리가 교회나 지역사회에 돈(과 시간)을 드리는 이유는, 탁월한 프로그램 때문일 수도 있다. 그러나 그리스도인이 물질을 드리는 주된 이유는, 드리는 것이 신앙인의 당연한 삶이기 때문이다. 그리스도를 닮아가는 사람, 성화의 과정 중에 있는 사람이라면 감사하는 생활은 당연한 것이다. 신앙인이 주는 삶을 사는 것은, 자기 소유를 움켜쥐며 살 줄 모르는 사람이기 때문이다. 신앙인은 예수 그리스도를 이러한 삶의 본보기로 삼으며 늘 감사로 가득한 삶을 살아간다.

또한 신앙인이 드리는 삶을 사는 것은, 우리의 소유란 궁극적으로는 모두 하나님께서 우리에게 주신 선물이기 때문이다. 어떤 의미에서는 우리가 그것을 벌었다고 말할 수 있지만, 제한적인 의미에서만 그럴 뿐이다. 우리의 소유는 하나님께서 우리에게 위탁하여 두신 것에 불과하다. 우리는 창조세계 안의 모든 것, 창조세계 자체를 맡아 관리하는 청지기일 뿐이다. 결국 거저 준다는 것은, 우리가 가지고 있는 모든 것이 진정으로는—영원히—우리 소유가 아니라는 사실을 일깨워주는 일이다.

우리가 거저 주는 삶을 살아야 하는 이유를 한 가지만 덧붙이고 싶다. 거저 주는 것은 일종의 영성훈련이다. 거저 주는 것은—기도, 성경 읽기, 금식과 같은 전통적 영성 훈련들과 함께—거룩을 실천하는 하나의 방법이다. 그것은 우리가 궁극적으로는 하나님께만 의존하는 존재임을 상기시켜준다. 흔히 인간들은 자기 삶은 자신에게 속한 것이라고 생각하지만, 그리스도인들은 그렇게 믿지 않는다. 아니, 그렇지 않다는 사실을 알고 있다.

> 성화가 진척되었다 함은, 이제는 자신의 힘을 통해 구원을 이루어간다는 의미가 결코 아니다. 그 반대로서, 그것은 하나님의 은혜를 더욱 깊이 의지하면서 자신의 구원을 이루어간다는 의미이다.
> G. C. 버카우워(Berkouwer), 「신앙과 성화」(Faith and Sanctification)

얼마 전 신문에서 델라웨어 주 윌밍턴에 사는 아더 가족에 대한 기사를 읽은 적이 있다. AP통신이 이 이야기를 기사거리로 삼아 길게 다룬 이유를 다만 추측해볼 따름인데, 아마도 너무 색다르고 보기 드문 이야기였기 때문일 것이다.

그 기사에 따르면, 아더 가족은 지금보다 훨씬 더 근사한 집에서 살 수 있음에도 그렇게 하지 않는다. 지금보다 훨씬 더 근사한 차를 몰 수 있음에도 그렇게 하지 않는다. 대신에 그들은 자신들의 (세금을 떼기 전) 수입금의 절반 가량을 교회와 기타 자선 단체에 기부하고 있다. 그들의 가계수입은 일년에 8만 달러 정도로, 이는 휘튼 지역 가계수입의 평균치 정도가 되는 금액이다. 이들 가족의 한달 수입이 대략 6만6천 달러 정도 된다는 것을 의미한다. 그런데 이들은 가족회의에 따라 여러 곳에 매달 3만3천 달러를 기부하고 있다. 아더 부부뿐 아니라 그 집의 십대 자녀들 두 명도 이러한 결정이 가져올 결과를 감수하고 있다.

그들은 왜 그렇게 사는가? 말수가 적은 아버지 샘 아더는 그 이유를 간단히 이렇게 말한다. "하나님이 늘 제게 많은 복을 주셨기 때문이지요."

25년 전 버클리의 캘리포니아대학 학생시절, 그는 유명한 기독교 작가인 C. S. 루이스의 책들을 읽기 시작했다. 그런데 어느 날 그는 루이스가 자신의 수입 가운데 65퍼센트를 기부금으로 내놓았다는 사실을 읽게 되었다. "그것이 내게 도전이 되었어요." 샘 아더는 회상한다. "그때 그 자리에서, 앞으로 나는 내 수입의 절반을 드리는 삶을 살리라 결심했지요." 이것이 바로 그가 대학을 졸업하면서 다짐했던 사명이었다.

나는 십일조가 당연하게 여겨지던 가정에서 성장했다. 어렸을 때부터 매주 또는 매달 수입의 일정 부분을 떼어놓는 생활을 배웠다. 아이들이 그렇듯이 나 역시 다른 집들도 모두가 그렇게 하는 줄 알았다. 그러나 스무살 가까이 되어서야 나는 다른 집이 우리 집과 같지 않다는 사실을 알게 되었다. 내게 있어서 우리 가족은 베푸는 삶의 모델이 되어주었다. 지금도 나는 그것에 대해 늘 감사하고 있다.

나는 헌금 생활에 있어서 우쭐해지는 때도 가끔 있다. 그러나 아더 가족과 같은 사람들의 이야기를 듣게 되면, 나는 아직도 얼마나 멀었는지 늘 깨닫게 된다. 사도 바울의 고백처럼 그리스도인의 삶이 경주라면, 나는 겨우 출발선상에서 조금 나간 정도에 불과하다. 어쩌면 지금 막 출발한 것에 불과할 뿐이다. 이러한 것을 깨달으면 자칫 낙담할 수도 있지만, 그러나 내게 좋은 소식은 내가 향해 가는 목표가 무엇인지 알고 있다는 사실이다. 나는 하나님께서 나를 어디로 부르고 계신지 분명히 알고 있다.

이것은 우리 모두를 위한 질문이다. **이제 우리는 무엇을 해야 하는가?**

더 깊은 공부와 생각을 위한 질문들

- 하이델베르크 교리문답을 보면 십계명을 다루는 항목의 제목이 "감사"이다. 하나님의 법을 지키는 것을 감사하는 삶의 본보기로 제시하는 까닭은 무엇인가?
- 야고보서 2:14-26을 읽어보라. 믿음과 행위의 관계는 무엇인가?
- 디트리히 본훼퍼가 말하는 "값싼 은혜"란 무엇에 대한 경고인가? 은혜와 성화의 관계는 무엇인가?

Remembering the Faith: What Christians Believe

은혜를 보여주는 시각 교육

성례

하나님은 성례를 통해 우리를 만나신다.
성례는 하나님의 행위가 우리의 응답을
이끌어내는 거룩한 행위이다.
세례를 통해 하나님은 우리에게,
하나님은 언약대로 자신의 사랑으로 우리를 구원하시며,
우리의 죄를 씻어 주시고,
우리에게 성령을 주시며,
우리로부터 사랑의 응답을 기대하신다는 사실을
상기시키시고 확신시켜 주신다.
또, 성만찬을 통해 우리 주님은
신자들에게 빵과 잔을 주심으로써
자신의 죽음과 부활에 우리도 동참할 것을 보장해 주시며,
우리를 자신과 우리의 이웃들과 연합시켜 주신다.
우리는 이 음식을 기쁜 마음으로 받으며,
먹을 때마다 우리는
예수님이 우리의 생명이시며,
다시 오셔서 우리를 어린양의 만찬으로
부르실 것임을 선언한다.

이 세계는 하나님의 것: 현시대적 증언, 1988 (북미개혁교회: CRCNA)

하 나님은 성례(sacraments)를 통해 우리를 만나신다. 이 말은 대체 무슨 의미인가?

한 신학자가 말한 것처럼 어떤 의미에서 창조세계의 모든 것이 하나님의 성례이다. 예일대학 교수이며 개혁교회 전통의 예배에 관한 책을 쓴 니콜라스 월터스토프(Nicholas Wolterstorff)에 따르면, 그리스도인들이 성례전적 세계관을 갖는 것은 너무도 당연한 일이다. 왜냐하면 우리 그리스도인들의 믿음에 따르면, 실재는 그 자체가 온통 성스러움에 물들어 있는 것이기 때문이다.

또 그리스도인들은 예배 자체가 이미 본질적으로 성례전적이라고 믿는다. 왜냐하면 예배 때 우리는 창조세계의 물질―세례 때는 물, 성만찬 때는 떡과 포도주―을 사용하고 있으며, 그것들은 우리에게 하나님의 은총을 전달해주며, 우리에게 그리스도를 매개해주는 것들로 믿고 있기 때문이다. 즉 우리는 하나님께서 그것들을 통해 우리에게 임재하신다고 믿고 있다.

어떤 이들은 카톨릭 교회를 비롯한 다른 교파들의 예배에는 매주 성례가 거행되는 등 성례가 강조되므로 성례전적이라 할 수 있지만, 기타 개신 교회의 예배는 그렇지 않다고 말하기도 한다. 그들의 주장에 따른다면 우리 교회는 성례전적이 아니다. 이는 어떤 의미에서는 옳은 주장이다. 하지만 예배는 본질상 그 자체가 이미 성례전적이다. 하나님은 창조세계의 물질들을 통해 우리에게 임재하신다. 하나님은 성례들을 통해 우리를 만나신다. 따라서 우리가 드리는 교회의 예배 역시 성례전적이다.

성례에 참여할 때, 우리에게는 어떤 일이 일어나는가?—**실제** 무슨 일이 일어나고 있는가가 아니라, **본래** 어떤 일이 일어나야 마땅한가 하는 질문이다.

성례에 참여할 때 우리가 하는 일들 가운데 하나는 **기억하기**이다. 가령, 우리는 세례의 물과 성만찬의 떡과 포도주가 우리에게 하나님의 은총을 실어다 준다고 말하지만, 그렇다고 그 말이 하나님의 은혜가 우리에게 자동적으로 혹은 마술적으로 전달된다는 뜻은 아니다. 마치 우리가 거기에 아무 생각 없이 참여해도 된다는 듯이 말이다. 그렇지 않다. 우리가 해야 할 일들이 있다. 그 한 가지가 바로 기억하기이다.

출애굽기 13장에서 모세는 이스라엘 백성들에게 유월절을 지키는 법에 대해 가르치고 있는데, 그 지침에 따르면 참여자들은 각기 떡을 들어서 자신의 자녀들에게 이렇게 말해야 한다. "이 예식은 내가 애굽에서 나올 때에 여호와께서 나를 위해 행하신 일을 인함이라"(13:8).

> 말씀이신 그분이 그렇게 말씀하셨고,
> 그분은 떡을 취해 그것을 떼셨네
> 그리고 나는 그 말씀이 만드신 것을
> 믿으며 받네.
>
> 존 던(John Donne), "성례에 관하여"(*On the Sacrament*)

그때부터 오랜 세대를 걸쳐오면서 사람들은 유월절 절기에 참여할 때마다 이렇게 기억을 진술해왔다. "내가 이렇게 하는 이유는, 이집트에서 나올 때 주께서 나를 위해 행하신 일들 때문이다." 물론 그들이 그 출애굽 현장에 실제로 있었던 것은 아니지만, 그 떡이 그 사건을 나타내줄 뿐만 아니라 그 떡을 통해 출애굽은 유월절 절기에 참여하는 자들에게는 실재가 된다. 그 떡을 통해 하나님의 구원 역사가 전달되고, 비록 오래 전에 일어난 출애굽 사건이지만 현재의 사람들도 거기에 참여할 수 있게 되는 것이다.

"기억하다"(remember)는 말의 참 뜻이 무엇인지 알려면 그 반대말을 생각해보면 된다. 내가 생각하기에 그 반대말은 "절단해내다"(dismember)이다. 무언가를 "절단해낸다"(dis-member)는 것은, 무엇을 갈기갈기 찢어버린다는 말이다. 그렇다면 반대로 무언가를 "기억한다"(re-member)는 말은 그것들을 다시 하나로 짜맞춘다는 의미라고 할 수 있다. 바로 이런 일이 우리가 주님의 만찬을 거행할 때 우리에게 일어난다고 믿는다. 우리는 성만찬 때 "그리스도는 죽으셨고, 그리스도는 부활하셨으며, 그리스도는 다시 오십니다" 하고 고백한다. 우리는 그때 일을 회상하며, 거기에 참여하며, 그것을 통해 그리스도는 우리에게 실재가 되신다. 우리는 마치 그때 그곳에 있었던 것처럼 그 일을 기억한다. 왜냐하면, 어떤 중요한 의미에서는 우리는 **실제로** 거기에 있었기 때문이다.

어떤 교회, 특별히 로마 카톨릭 교회를 보면 종종 그 성소 입구에 작은 물그릇이 놓여 있는 것을 볼 수 있다. 그 교회에 들어가는 예배자들의 모습을 주의 깊게 관찰해보라. 어떤 이들은 그 물에 자기의 손가락 하나 혹은 둘을 담근 후에 그것으로 자기 이마에 십자가 성호를 긋는 모습을 보게 될 것이다. 그렇게 한 다음에야 비로소 그들은 성소에 들어가 자리에 앉는다. 그들이 예배 준비 과정의 하나로 여기는 그 작은 행위는, 다름아닌 자신의 세례를 기억하려는 것이다.

세례 성례는 세례 받는 이들에게 특별한 정체성을 부여해준다. 그 정체성은 소속과 관련되어 있다. 어떤 의미에서 세례는 일종의 가입 예식이라 할 수 있다. 세례를 통해 비로소 우리는 교회에 받아들여지는 것이기 때문이다. 따라서 자신의 세례를 기억하는 행위는, 실제로는 자신의 정체성, 즉 자신은 교회의 지체라는 사실을 기억하는 행위이다. 그 예배자들은 성소에 들어가면서, 자신이 세례를 통해 하나님에게 속하게 되었고 거대한 신자 공동체의 일부가 되었다는 사실을 스스로 상기하는 것이다.

나는 나의 세례를 기억하지 못한다. 내 부모님은 그 일을 기억하면서 지금은 허리가 구부정한 백발 되신 목사님이 내 머리에 물을 뿌리셨다고 말씀해 주시지만, 나로서는 그때 일을 기억할 수 없다—내 생애 첫해에 일어난 일을 내가 어떻게 기억하겠는가. 그렇지만 나는 하나님의 자녀인 나의 특별한 정체성을 재확인하는 의미로 날마다 나의 세례를 **기억한다**.

교회에서 세례 성례를 거행할 때마다 나는 성도들에게 이 시간 다시 한번 자신들의 세례를 기억하라고 독려한다. 자신이 세례 받던 광경을 기억할 수 있는 사람은 많지 않겠지만 전에 받은 세례가 그들에게 무엇을 주었는지 그 시간에 다시 한번 기억하기를 바라기 때문이다. 사실 세례 성례에는 그 자리에 참석한 모든 사람이 초대받은 것이다. 예배에 참석해 세례를 지켜보는 이들은 누구나 그 기억 행위에 참여할 것을 초대받은 것이다.

마르틴 루터에 대해 들은 이야기가 하나 있다. 그는 매일 자신의 얼굴을 씻을 때마다 물을 튀기면서 "마르틴, 너의 세례를 기억하라" 하고 말했다 한다. 사실인지 정확히 알 수 없지만 나는 그 이야기를 좋아한다. 나는 모든 세례 받은 자들이 아침에 거울을 볼 때마다 자신에게 있는 십자가 표시를 확인하면서 하루를 시작하기를 바란다. 우리 모두는 그리스도의 것으로 인치심을 받은 사람들이기 때문이다.

기억한다는 것이 수동적인 행위로 보일 수 있지만, 성례는—우리가 성례에 참여하는 방식은—결코 수동적인 것이 아니다. 그것은 우리에게 무언가 특별한 것을 요구한다. 단순한 기억이 아니라 적극적인 참여를 요구하는 것이다.

고린도교회에 보낸 첫번째 편지에서 사도 바울은 우상에게 바쳐진 고기를 먹는 것이 괜찮은지에 관한 문제를 다루고 있다. 고린도 사람들, 그리고 그곳에 새롭게 형성된 기독교 공동체조차도 다분히 세속적이고 세상 때가 묻은 사람들이었다. 고린도는 중요한 상업 중심지였고 신전 축제는 그들 지역사회 생활의 중요한 한 부분이었다. 그런 모임에 참여하지 않는 사람들은 무언가 불이익을 당할 수밖에 없었다. 그런데 문제는, 그러한 축제 때에는 이방 우상들에게 희생 제물로 바쳐졌던 고기가 사람들에게 제공되었다는 사실이다.

❙ 성례란 무엇입니까?
❙ 성례는 우리가 볼 수 있는 거룩한 표지와 인장입니다.
 하나님은 우리로 하여금 복음의 약속을 더 분명히 이해하도록 하시고, 그
 약속에 자신의 인장을 찍으시기 위해, 그 성례들을 제정하셨습니다.
 그리고 하나님은 이렇게 약속하셨습니다.
 십자가에서 그리스도께서 단번에 이루신 그 희생으로 인해 오직 은혜로써
 우리의 죄를 용서하시고 우리에게 영원한 생명을 주실 것임을.
주의 날 25, 하이델베르크 요리문답, 1563

당시 사람들도 그런 고대 제사 자체를 그다지 믿지는 않았다. 다만 사회적 관계를 중요하게 여겼기 때문에 참여하는 것일 뿐이었다. 당시 고린도의 그리스도인들이 그들의 지역사회와 계속 좋은 관계를 유지하고 싶어했던 것은 당연한 일이다. 그래서 8장을 보면 그들은 바울에게 이렇게 말하고 있다. "우리는 그 제사를 더 이상 믿지 않습니다. 그러니 그 고기를 먹는다고 무슨 문제가 되겠습니까?"

그러나 바울은 말한다. "잠시 그것에 대해 생각해봅시다. 여러분은

사리분별력이 있는 사람들이니 내 말을 잘 들어보십시오. 자, 우리가 성례 때 무엇을 하는지 한번 기억해봅시다." 바울은 고린도 그리스도인들에게 성례를 통해 그들이 그리스도와 연결되었다는 사실을 상기시켜주었다. 바울은 10장에서 묻는다. "우리가 감사를 드리면서 그 축복의 잔을 마시는 것은 우리가 그리스도의 피를 나누어 마시는 것이 아니겠습니까? 또한 우리가 함께 떡을 떼는 것은 어떻습니까? 그것은 그리스도의 몸을 나누어 먹는 것이 아니겠습니까? 그것을 모르십니까?" 그는 말한다. "그 성례를 통해 우리는 한몸이 된 것입니다."

그는 여기서 **코이노니아**(*koinonia*)라는 헬라어를 쓰고 있는데, 이 헬라어는 아마 당신도 전에 교회에서 들어본 적이 있을 것이다. 이것은 매우 중요한 기독교 용어이다. 코이노니아란 당신도 잘 알 듯이 "교제"라는 뜻이다. 그러나 사실 그 의미는 그 이상이다. 단순한 친교나 단순한 우정이 아니라 깊은 인격적 유대관계를 의미한다. 성례에 함께 모일 때 사람들은 하나님과 또 지체들과 함께 코이노니아를 경험하는 것이다. 바울의 반응은 바로 이러한 유대관계가 손상되지 않도록 지키려는 것이었다.

그러므로 바울은 이렇게 질문한다. "여러분은 하나님 편이면서 동시에 마귀 편이 될 수 있습니까? 그것은 말이 되지 않습니다. 여러분은 동시에 두 식탁에 앉을 수는 없습니다. 그러니 결정하십시오. 여러분은 어느 쪽에 참여하겠습니까? 그리스도 편입니까? 아니면 다른 누구의 편입니까?"

성례는—성만찬과 세례 모두—우리에게 충성을 맹세할 것을 요구한다. 성례에 참여하는 것은 우리가 누구의 편인가를 분명히 보여주는 행위이다. 내가 섬기는 교회를 비롯해 어떤 교회에서는 성만찬 때 예배자들이 각기 자리에서 일어나 앞으로 나와서 떡과 포도주를 받는데, 그렇게 하는 한 가지 이유는 우리 믿음을 공적으로 선언하기 위한 것이다.

내가 속한 전통에서는 소위 "제단 앞으로의 초대"(altar calls: 설교자가 설교 후에 헌신의 의미로 사람들을 앞으로 나오도록 초청하는 것-역주)라는 것을 하지 않는다. 성례가 있기 때문에 사실 그것은 불필요한 일이라고 할 수 있다. 성례에 참여하는 것은 우리가 가장 공적인 방식으로 우리의 믿음을 표하는 일이기 때문이다. 성례는 우리에게 입장을 분명히 할 것을 요구한다. 그것은 한번으로 그치는 것이 아니라, 성례를 거행할 때마다 매번 그렇게 한다.

나는 지금보다 더 자주 성만찬을 행했으면 한다. 당신은 어떤지 모르겠지만, 나는 가끔씩 내가 어느 편에 속한 사람인지 망각해버릴 때가 있다. 주일에는 그리스도 편에 가담했다가 주중에는 사도 바울의 표현대로 "마귀들" 편에 가담할 때가 있는 것이다. 그러나 성례를 통해 나는 이렇게 고백할 수 있다. "주님 잘못했습니다. 이번 주에 제가 누구인지 그만 잊어버렸습니다. 지난 주일, 예수 그리스도에게 충성을 맹세해놓고서는 화요일에는 그만…기억이 착오를 일으켰습니다. 어느 새 이방 신전에 들어가서 '이 고기 조금 먹는다고 무슨 문제가 될까?' 하고 음식을 먹고 있었습니다. 그러나 오늘, 다시 새롭게 저의 충성을 맹세합니다."

사실 **성례**(sacrament)라는 단어 자체에 이런 서약의 의미가 들어 있다. 성례의 어원은 라틴어 '사크라멘툼'(*sacramentum*)으로, 이 말은 본래 로마 군인들의 서약을 가리키는 것이었다. 그들은 시저(Caesar)에게 충성을 서약했다. 성례에 참여하는 우리 역시 마찬가지다. 우리가 누구 편에 서 있는지 분명히 밝히며, 우리 자신을 하나님과 지체들과 하나로 묶는 것이다.

고린도에 보낸 첫번째 편지에서 사도 바울은 성례에 대해 많은 것을 강조하고 있는데, 특별히 성만찬 성례에 대해 그렇다. 고린도교회 예배에 대해 전해 듣고 바울은 마음에 염려가 들었다. 아마 크게 놀란 탓인지 그들에게 경각심을 일깨우는 편지를 급히 써서 보냈다.

어떻게 보면 그 당시 고린도 교인들에게 그런 문제가 있었다는 것이 지금 우리에게는 좋은 일이다. 만일 그렇지 않았더라면 바울에게 있어 그 주제가 얼마나 중요했는지 우리는 결코 알 수 없었을 것이다. 다른 교회들에 보낸 편지에서는 성례에 대해 그다지 많은 언급을 하지 않았다. 고린도교회 문제는 지금 우리에게는 초대교회의 성례에 대해 배울 수 있는 좋은 기회가 된다.

| 성례란 무엇입니까?
| 성례는 기독교 예배의 특별한 행위로서, 그리스도께서 제정하셨으며 죄의 용서와 영생을 약속하는 복음을 선포하는 가시적 표지로서 사용됩니다. 성례의 표지는 은혜로써 이 약속에 인장을 찍어 신자들에게 주며, 약속된 것을 그들에게 가져옵니다. 세례에 있어서 그 표지는 물이며, 성만찬에 있어서는 떡과 포도주입니다.

학습문답, 1998 (미국장로교: PCUSA)

초대 그리스도인들은 가정집에서 모임을 가졌다. 교회 역사에서 교회 건물은 적어도 수백 년이 지난 다음에야 나타나기 시작했다. 아마도 당시 고린도교회 그리스도인들은 넓은 방이 있는 부유한 지체 집에서 지금의 주일인 주의 첫날 모임(예배)을 가졌을 것이다. 보통 유복한 지체들이 자기 집에서 음식을 가져와 그것을 나누었는데, 식탁은 그 모임의 중심이 되었다.

모임은 보통 하루의 일과가 끝나는 시간에 있었다. 그 당시에는 주의 첫날이 휴일이 아니었으므로 예배는 저녁 식사시간에 이루어졌다. 그런데 바울의 편지에 따르면(고전 11:17-22), 그 교회 모임에 온 부유한 이들이 자신이 가져온 음식을 먼저 꺼내 너무 많이 먹고 마시는 바람에 늦게 도착한 가난한 이들은 먹을 음식이 거의 없었다. 따라서 가난한 이들이 부끄러움을 당하는 상황이 벌어지는 경우가 많았던 것 같다.

고린도 교인들은 서로 잘 나누지 않았다. 예의가 없어서가 아니라 그들은 식사를 개인적인 것으로 보았기 때문인데, 성례를 "나와 주님 사이"의 일로만 여겼다. 그들에게는 다른 지체들이 다 도착할 때까지 기다려야 한다는 생각은 아예 떠오르지도 않았던 것 같다. 이런 상황에서 바울은 고린도 교인들에게 성만찬을 새롭게 바라볼 것을, 하나님 나라의 삶에 참여하는 행위로 성만찬을 바라볼 것을 권면했다.

  감리교 목사인 윌리엄 윌리몬은 남부 캘리포니아 그린빌에서 자랐는데, 평등권(civil rights) 문제로 시끄러웠던 당시의 상황을 정확하게 기억하고 있다. 자신의 책 「하나님을 섬기는 삶」(The Service of God)에서 그는 잡화점 식당 테이블에 아무나 앉을 수 있도록 해야 할지 말지를 두고 사람들이 서로 다투던 일을, 비꼬는 투로 이렇게 적고 있다. "그때 그 차별주의자들은 정말 뭘 아는 사람들이었다. 그들은 사람과 음식을 함께 먹다보면 그만 자기 신념이 바뀌어버릴 위험이 있다는 사실을 잘 알았던 것이다. 식탁에 사람들이 함께 앉으면 무언가 일이 벌어진다는 사실을 말이다." 이어 윌리몬은 우리가 성만찬이라고 부르는 그 식사가 가진 정치적이고 윤리적인 의미에 대해서도 언급하고 있다.

  아마 당신은 성만찬 성례가 가진 정치적이고 윤리적인 의미에 대해 생각해본 적이 없을 것이다. 오랜 동안 거기에 참여해왔지만, 그 식사에는 수직적 차원뿐 아니라 수평적 차원도 있다는 사실을 인식하지 못했을지도 모른다. 하나님은 그 성례에서 우리를 만나신다. 그것은 분명한 사실이다. 그러나 하나님은 그 성례를 통해, 우리가 우리 이웃과 맺고 있는 관계에 대해서도 다시 생각해볼 것을 도전하신다.

  내가 속한 장로교 전통에서는 교회의 리더들—목사, 장로, 집사들—이 그 식사를 섬긴다. 리더가 종의 역할을 맡는 것이다. 말하자면 리더들이 부엌일을 맡는 것인데, 그들을 통해 우리는 주변 문화와 근본적으로 대조되는 리더십 모형을 세우려는 것이다.

  그 식사 예식을 행할 때마다, 우리는 세상 사람과 다르다는 사실을 스스로 상기한다. 우리는 우리 주변 문화의 규칙에 매여 있지 않으며, 리더이면서도 종이 되신 예수 그리스도의 본을 따르는 새로운 공동체가 되라는 부름을 받은 자들이다.

여기 또 다른 예가 있다. 우리가 같은 식탁에 함께 모여 식사하는 것은 상대와 잘 지내겠다는 다짐을 표현하는 행위이다. 그린빌의 그 차별주의자들처럼, 우리들 대부분에게도 웬만하면 한 자리에 앉아 식사하고 싶지 않은 사람들이 있다. 특히 우리와 다른 사람들, 우리와 생각이 다른 사람들이 그들이다. 그러나 우리가 그들과 함께 같은 식탁에 앉아 식사하는 것은 이런 의미가 들어 있는 것이다. "나는 당신을 받아들입니다. 비록 당신과 서로 다른 점이 많지만."

> 주 예수 그리스도여, 당신의 이 성례가
> 당신께서 위하여 고통을 받으신 우리에게
> 생명과 죄의 용서를 가져오게 하소서.
>
> 당신은 새 시대마다 우리에게 새 은혜를 주시기 위해
> 새 무덤 안에 누이셨습니다.
>
> 외경 도마의 행전 (The Apocryphal Acts of Thomas), 3세기

성만찬에서 함께 먹고 마실 때, 우리는 예수 그리스도 안에서 하나임을 드러내 보인다. 비록 잠시이긴 하지만 그때는 모든 벽들이 사라져버린다. 서로의 차이들이 그 순간 중요성을 잃어버린다. 나는 교회의 성만찬 때마다 그것을 느낀다. 교회에서 중요하고 논쟁적인 주제들에 대해 이야기를 나누다가 서로 의견이 맞지 않을 때가 있다. 서로 대화를 나누기가 어렵고 불편해질 때도 있다. 이는 가족간에도 흔히 있는 일이며, 교회 지체들 사이에도 일어난다. 그러나 우리가 모여 주의 만찬인 그 식사를 함께 나눌 때면, 무언가 다른 일이 일어난다. 때로는 내가 떡

을 떼어주는 사람이 나와 아주 큰 의견 차이를 보인 사람인 경우도 있다. 그러나 떡을 떼어 그에게 주며 "이것은 당신을 위한 그리스도의 몸입니다"라고 고백할 때, 우리 사이에는 무언가 상상하지 못한 아주 중요한 일들이 일어나는 것이다. 그 순간, 모든 갈등은 사라지고 우리는 주님 안에서 다시 화해할 이유를 서로가 간절히 느끼게 되는 것이다.

당신은 "은혜의 방편"(means of grace)이란 말을 들어본 적이 있는가? 이는 그리스도인들이 알아두어야 할 중요한 용어이다. 나는 은혜의 방편을 소홀히 해서는 안된다는 말을 자주 들으며 자랐다. 그러나 그 말이 무슨 의미인지에 대해서는 잘 이해하지 못했었다. "은혜의 방편"이란 성례가 어떤 것인지를 가리키는 말로서, 성례는 우리에게 그리스도인의 삶의 체질이 형성될 수 있는 기회를 제공해준다는 뜻이다.

이것은 스포츠 생리학자들이 말하는 "근육 기억"(muscle memory)과 비슷하다. 우리가 어떤 신체 움직임을 반복해서 연습하면 근육이 그것을 기억해 어느 시점부턴가는 자동적으로 그 행동이 나오게 된다. 마찬가지로 우리의 공동체적 삶의 원천인 성만찬 식탁에 거듭해서 참여하면 우리 성품에 그것이 스며들어, 마치 제2의 천성처럼 우리에게서 공동체적 행동이 자연스럽게 배어 나오게 된다.

사실 우리가 바라는 것은 성만찬이 우리들에게 아침 식탁에 앉는 것만큼 쉽고 자연스러워지는 것이다.

이것을 C. S. 루이스는 다음과 같이 멋지게 표현했다. 그에 따르면 예배는—성례도 마찬가지인데—마치 춤과 같은 것이다. 춤을 배울 때 우리는 먼저 스텝을 세는 데 정신을 집중한다. 하나, 둘, 셋, 하나, 둘, 셋 하면서. 그러나 루이스가 강조하는 것은, 우리가 결국 이르고자 하는 목표는 그렇게 스텝을 세는 단계를 넘어 별로 힘들이지 않고 자연스럽게 춤 자체를 즐길 수 있는 단계이다. 스텝을 세는 동안은 우리가 실제로 춤을 추고 있는 것이 아니다. 예배와 성례도 마찬가지다. 결국 우리가 이르고자 하는 목표는 단순한 "기계적" 단계를 넘어 그것이 우리 삶에 자연스러워지는 것이다.

어떤 이는 우리가 성만찬이 표현하는 삶을 자연스럽게 살고 있다면 그런 연습을 반복해서 할 필요가 없지 않느냐고 물을지 모르겠다. 그러나 우리는 결코 그런 삶을 자연스럽게 살고 있지 못하다. 섬기는 리더가 되는 일이 내게는 결코 자연스러운 일이 아니다. 그저 매주 조금씩 배워나가고 있을 뿐이다.

더욱이 당신 삶의 일상적이고 평범한 장소 속에서 하나님을 만나 뵙기란 여전히 자연스러운 일이 아니다. 그러나 세례 물과 성만찬 떡과 포도주를 통해 하나님을 찾아간다면, 당신은 결국 다른 모든 곳에서도 하나님을 알아보는 법을 배우게 된다.

우리가 먹는 빵과 우리가 나누는 잔이 그저 식료품 가게의 평범한 빵과 잔으로 보일 수도 있을 것이다. 그러나 그리스도인의 삶의 목표, 우리의 성화 목표는 그런 평범한 것들을—평범한 사람들을—전혀 새로운 방식과 눈으로 보기 시작하는 것이다. 우리가 성만찬에서 하나님을 인식할 수 있다면, 우리가 날마다 만나는 평범한 사람들의 얼굴에서도 하나님을 알아볼 수 있게 될 것이다.

성례를 통해 이런 습관과 행위를 연습하지 않는다면, 또한 어디서 그런 연습을 하겠는가? 당신은 어떤지 모르겠다. 하지만 내게는 그런 연습이 절실히 필요하다.

더 깊은 공부와 생각을 위한 질문들

- 예배중 성례에 참여할 때, 우리는 종종 관객이 된 듯한 수동적 느낌을 갖게 된다. 성례에 참여할 때 우리가 해야 할 일은 무엇인가?
- 존 칼빈은 하나님은 성례를 통해 우리 수준으로 "자신을 낮추신다"(condescend)고 말한다. 하나님은 우리를 무시하지 않으신다. 그렇다면 칼빈의 말은 무슨 의미인가? 칼빈이 말하는 의미로, 하나님

이 우리 수준으로 "자신을 낮추시는" 방법에는 또 어떤 것들이 있는가?
- 성례가 "은혜의 방편"이라는 말은 무슨 의미인가? 당신 삶의 다른 "은혜의 방편"들에는 어떤 것들이 있는가?

Remembering the Faith: What Christians Believe

세 분, 한 하나님

삼위일체

우리는 전능하신 하나님, 하늘과 땅과 유형 무형한 만물의 창조주를 믿습니다. 또한 한 분이신 주 예수 그리스도, 하나님의 외아들, 영원으로부터 성부에게서 나신 분을 믿나이다. 그분은 하나님에게서 나신 하나님, 빛에서 나신 빛, 참 하나님에게서 나신 참 하나님이시며, 창조되지 않고 나시어, 성부와 한 본체로서 만물을 창조하셨음을 믿습니다 …그리고 우리는 주님이시며 생명을 주시며, 성부와 성자에게서 발하시는 성령을 믿습니다.

니케아 신조, 325

어느 주일 강단에서 내가 이렇게 설교한다고 가정해보라. "성도 여러분, 저는 늘 삼위일체 교리 때문에 괴로웠습니다. 아무리 노력해도, 도무지 그 교리를 이해할 수 없기 때문입니다. 그래서 오늘부터 저는 그 교리를 완전히 거부하기로 했고, 그것을 여러분에게 알리기로 결정했습니다."

내가 이렇게 말한다면 아마도 우리 교회 교인들은 이렇게 말할 것이다. "와, 정말 대단한 각오를 했군. 그렇지만 우리는 삼위일체 같은 근본적인 기독교 교리를 믿지 않는 사람을 우리 교회 목회자로 둘 순 없지."

또는 어느 주일, 그들에게 종이 한 장을 나눠주면서 삼위일체 교리가 왜 중요한지 그 교리가 그들의 삶에 어떤 의미가 있는지 적어보라고 한다면, 아마 그들 대부분은 그저 난색을 표할 것이다. 삼위일체가 기독교 신앙의 핵심 교리임에도 불구하고 말이다. 그들이 좋은 그리스도인들이 아니어서가 아니라, 그 교리 자체가 너무나 이해하기 어려운 개념이기 때문이다. 우리 대부분은 그것을 이해하려는 노력을 이미 오래 전에 포기해버렸다.

자, 상황이 이러하다면 무엇 때문에 이웃이나 동료에게 설명하지 못하는 교리를 목회자들은 반드시 믿어야 한다고 주장하는 것일까? 삼위일체 교리가 우리 신앙에 그렇게 중요하고 본질적이라면, 그것이 왜 중요한지에 대해서는 정작 우리는 한 마디도 설명하지 못하는 것일까? 생각컨대, 오늘날 대다수 그리스도인들에게 삼위일체는 하나님의 본질에 대한 기쁨에 찬 신앙고백이기보다는 당혹스러운 교리가 되고 말았다.

아마도 많은 그리스도인들이 삼위일체의 중요성에 대해 설명하지 못하는 이유 가운데 하나는, 그 개념 자체가 너무 케케묵어 보인다는 점이다. 「삼위일체로서의 하나님」(*God as Trinity*)이라는 최근 책에서 신학자 테드 피터스(Ted Peters)가 제기하는 질문이 바로 그것이다. "기독교 신앙에 삼위일체 사상은 지금도 필요한 옷인가?" 그는 묻는다. "아니면 이미 그 옷을 입기에 우리는 너무 자라버린 것인가? 우리는 그것을 버려야 하는가, 아니면 계속 지녀야 하는가?" 물론 그는 우리가 그것을 계속 지녀야 한다고 답한다. 그러나 그 질문 자체가 삼위일체에 대한 현대 그리스도인들의 태도와 느낌이 무엇인지 잘 대변해준다. 지금 우리는 삼위일체 교리를 불편하게 느끼고 있는 것이다.

도로시 세이어즈(Dorothy Sayers)는 대부분의 교인들이 삼위일체에 대해 이렇게 생각할 것이라고 말했다. "성부는 불가해한 분, 성자도 불가해한 분, 모든 것이 불가해하다. 그런데 신학자들은 일상생활과 윤리와는 아무 관련도 없는 말들로 그것을 더 어렵게 만들어놓는다."

심지어 삼위일체 개념에 대해 어느 정도 잘 이해하고 있으며 거기에 대해 별 어려움 없이 토의할 수 있는 사람들에게도 삼위일체는 불필요하리만큼 복잡하고 추상적인 교리로 보인다. 얼마 전 나는 우리 교회 성인공부반에서 삼위일체 교리에 대해 가르친 적이 있는데, 강의가 끝나자 한 지체가 내게 와서 이렇게 말했다. "어째서 우리는 모든 것을 늘 그렇게 복잡하게 만드는 거죠? 제게 필요한 교리는 '예수님 날 사랑하심, 성경에 써 있네' 이게 전부인데 말입니다."

일리 있는 말이고 나 역시 그것을 인정했다. 그런 반응이 있으리라 예상했어야 했다. 신학이 우리 신앙이나 깊은 관심사와 별 상관없이 들릴 경우, 우리는 그것에 대해 냉담해질 수밖에 없다. 우리는 무언가 단순한 것, 우리 삶과 관련된 것을 갈망한다. 아마 그날 아침 나의 삼위일체 강의는―적어도 그 지체가 보기에는―신앙의 관심사와 너무 동떨어진 것이었고, 결국 그녀가 신학 전체에 회의를 갖게 하도록 만든 것 같다.

그 대화 후에 나는, 다시 처음으로 돌아가 그 강의를 할 수 있었으면 하고 바랐다. 그럴 수만 있다면, 먼저 그녀에게 하나님에 대한 경험을 들려달라고 한 후에 그녀의 경험을 의미 있게―**신학적으로**― 설명할 수 있는 용어가 무엇인지 찾고자 노력했으리라. 그녀는 달리 말했지만, 그러나 사실 "예수님이 나를 사랑하신다"는 고백만으로 그녀의―또한 대부분 사람들의―종교 경험 전체를 묘사하기에는 부족한 말이다. 우리가 성경에서 만나는 하나님, 또 우리 삶에서 체험하는 하나님은 우리가 묘사할 수 있는 것보다 훨씬 더 복잡하고 신비로우신 분이다. 삼위일체 교리는 이러한 하나님에 대한 우리의 생각을 이해하고 조직화하고 묘사하는 것을 도와준다.

| 하나님은 오직 한 분이심에도, 왜 당신은 하나님을 세 분, 즉 성부, 성자, 성령으로 말하는 것입니까?
| 왜냐하면 하나님 자신이 말씀을 통해 자신을 그렇게 계시하셨기 때문입니다: 서로 구별되는 이 세 분은 동시에 한 분이시고 참되시며 영원하신 하나님이십니다.

주의 날 8, 하이델베르크 요리문답, 1563

삼위일체(Trinity)는 성경에는 없는 말이다. 또 성경에는 **하나 안에 셋** 또는 **세 분이지만 한 본질**이란 말도 없다. 성경 어디에도 삼위일체 교리는 나타나지 않는다. 오늘 우리가 말하는 삼위일체 교리는 교회사의 처음 수세기 동안, 오랜 과정을 거쳐 최종적으로 결정된 것이기 때문이다.

창조, 역사, 성경, 예수 그리스도, 오순절 사건 등은 우리에게 하나님의 본질에 대해 풍부한 지식을 제공해준다. 따라서 그리스도인들에게는 늘 이런 질문이 있어왔다. 이 모든 지식을 일관성 있게 이해할 수 있는 방법은 무엇인가? 어떻게 하면 그것들 전체를 체계적으로 조직할 수 있는가?

이미 2세기 때부터 교회의 무게중심은 그 근원지인 팔레스타인으로부터 헬라 세계로 옮겨졌다. 그 당시 그리스도인들은 삼위일체를 그들의 하나님 경험을 의미있게 설명해줄 뿐만 아니라, 특히 헬라인의 사고방식에도 이해될 수 있는 방식으로 표현하고자 노력하고 있었다. 당시 많은 기독교 사상가들(순교자 저스틴, 이레니우스, 터툴리안, 오리겐)을 통해 삼위일체 사상의 기본적 윤곽이 발전되기 시작했다. 더욱이 교회에 큰 영향을 끼친 많은 공의회들이 열렸고, 그것을 통해 삼위일체에 대한 공동의 언어가 마련되었다. 특히 325년에 콘스탄틴 대제의 초청에 의해 니케아 공의회가 열렸고, 이 공의회를 통해 하나의 중대한 단어가 결정되었는데(흥미롭게도 황제가 제안한 단어인) '같은 본질인'이라는 뜻의 'homoousios' 가 바로 그것이다. 즉, 성부와 성자는 **같은 본질**(비슷한 본질이 아니라-역주)이라는 결정이 내려졌다. 그러한 의견일치는 삼위일체 교리의 발전에 획기적 약진이 있었음을 말해주는 것이지만, 논쟁은 그후에도 오래 계속되었고 그만큼 삼위일체 교리는 더욱 다듬어져갔던 것이다.

결론적으로, 하나님의 본질에 대해 그리스도인들이 내린 결론은 이것이다. 첫째, 그들은 하나님은 우주를 창조하셨고 또한 그 모두를 돌보신다는 사실을 깨달았다. 이분을 가리켜 그들은 "성부 하나님"이라고 불렀다. 다음으로, 그들은 이 동일한 하나님(homoousios)이 신성과 인성을 동시에 가지신 나사렛 예수님을 통해 우리에게 오셨다는 사실을 깨달았다. 하나님은 "하늘 위에" 계실 뿐 아니라 또한 "여기에" 우리와 함께 계신 분이기도 했다. 이 분을 가리켜 그들은 "성자 하나님" 혹은 태초의 창조 때부터 하나님과 함께 계셨고 또 하나님 자신이셨던 영원한 말씀(Word) 곧 로고스(*Logos*)라고 불렀다. 마지막으로, 그들은 오순절 날 하나님이 우리에게 오셔서 안내자와 친구로서 우리 가운데, 또한 우리 속에 사신다는 사실을 발견했다. 우리에게 오시는 이 하나님을 예수님은 "진리의 영" 그리고 "보혜사"라고 말씀하셨다. 이 분을 가리켜 그들은 "성령 하나님"이라고 불렀다.

우리 위에(above us) 계시는 분. 우리와 함께(alongside us) 계시는 분. 우리 속에(within us) 계시는 분. 이 세 분은 서로 구분되는 분들이면서도 한 본질 안에서 완전히 하나로 연합되어 계신다.

> [하나님은] 영원히 사시며 영원히 다스리시고,
> 하나 안에 셋이라는 신비한 연합 안에서,
> 자신은 한이 없으시면서, 또한 다른 모든 것들에게 한도를 정해주시는
> 분입니다.
>
> 단테, 신곡의 천국편(*Paradise*), 14편, 1. 28

이러한 삼위일체 교리가 이해되는가? 이 교리는 우리가 바라는 만큼 논리적이거나 이성적이지는 않다. 그러나 그리스도인들에게 있어서 이 삼위일체 교리는, 우리가 하나님에 대해 가진 모든 지식들을 처리할 수 있는 방법을 우리에게 제공해준다. 삼위일체 교리는 본래 **신앙고백**에서 출발했다는 사실을 기억하는 것이 중요하다. 우리가 이 교리를 말하고 선포하는 것은 그것이 논리적이고 이성적이어서가 아니라, 그것이 우리의 하나님 경험을 묘사해주기 때문이다.

이처럼 **교리**로서의 삼위일체는 우리의 신앙 경험을 묘사하고 성찰해 보려는 하나의 시도이다. 즉 삼위일체 **교리**는 여러 이미지, 단어, 철학 개념들을 동원하여 우리의 신앙을 표현한 것이다. 따라서 이 교리 자체는 언제나 불완전할 수밖에 없다. 그러나 우리의 믿음을 표현해보고자 하는 시도로서는 그것이 최선의 것이다.

저의 마음을 부수어 주소서, 삼위일체 하나님
아직 그저 당신은 노크하시고, 숨을 불어 주시며, 빛을 비춰 주시고, 고쳐 주려고만 하십니다.
제가 일어나 설 수 있도록, 저를 뒤엎어 주시고,
힘을 기울여 저를 부서뜨리고, 내리치고, 불태워 주셔서, 저를 새롭게 만들어 주소서.

존 던, "홀리 소네트"(Holy Sonnets) 14

오늘날에는 삼위일체를 토의하자면 반드시 성(gender) 문제를 언급하지 않을 수 없게 되었다. 앞에서 말했듯이 하나님에 대한 인간의 모든 언어는 한계를 가질 수밖에 없는데, 삼위일체만큼 이 문제가 크게 부각되는 경우도 없다.

최근에 대두된 삼위일체 교리에 대한 반대 가운데 하나는, 이 전통적인 언어가 성차별적이고 우상숭배적이라는 것이다. 다시 말해 "성부"(아버지) "성자"(아들)라는 표현이 하나님을 인간 남성의 이미지로 생각하게 만든다는 것이다.

그 반대 이유는 진지하게 고려할 만한 것은 아니지만, 우리는 처음 삼위일체 교리를 만들었던 신학자들이 하나님을 반드시 남성으로 생각했던 것은 아니라는 사실을 기억해야 한다. 그들은 하나님을 "성부"라고 불렀고 예수님을 "성자"라고 불렀지만, 남성성을 삼위일체의 어떤 분의 본질로 생각하지는 않았다. 그들은 그저 성경의 표현을 그대로 사용했을 뿐이다. 신학자 셜리 거쓰리가 그의 책 「기독교 교리」에서 말한 것처럼 그들은 "하나님을 하늘에 사는 어떤 거대한 남자로 생각"하지 않았던 것이다.

창세기의 창조 이야기는 남성뿐 아니라 여성도 하나님의 형상대로 지음 받았음을 분명히 언급하고 있다. 하나님은 인간의 성 차이를 초월하신 분이시다. 사실, 하나님은 인간의 모든 생각과 상상을 초월하신 분이시다(사 55:8-9).
　어떤 그리스도인들은 이제 "성부" "성자"라는 표현을 버릴 때가 됐다고 문제를 제기한다. 그 표현의 본래 의도가 성차별적인 것이 아니었다고 해도, 지금은 분명 그렇게 쓰이고 있기 때문이라는 주장이다.
　얼마 전에 나는 "성부와 성자와 성령"이라는 전통적 표현 대신에 "창조자, 구속자, 지탱자"(Creator, Redeemer, and Sustainer) 등의 표현을 쓰는 예배에 참석한 적이 있다. 하나님을 더 나은 표현으로 묘사하려는 그 노력은 이해하지만, 우리는 그러한 변화가 얼마나 어려운 문제를 초래하는지에 대해서도 알고 있어야 한다. "창조자, 구속자, 지탱자" 표현은 어느 한 가지 문제는 풀어줄 수 있을지는 몰라도, 그것은 또 다른 문제들을 유발시킨다. 물론 "창조자"라는 표현만으로는 우리가 성부에 대해 믿고 있는 모든 것을 다 담아내지 못한다. "구속자"와 "지탱자"도 마찬가지다. "구속자"라는 단어에는 우리가 성자에 대해 믿고 있는 모든 것을 다 담을 수 없으며, "지탱자"라는 단어에도 우리가 성령에 대해 믿고 있는 모든 것이 담겨져 있지 않다. 이러한 단어들이 삼위일체 각 위격들의 특별하신 임무가 무엇인지에 대해 어느 정도는 말해주지만, 그러나 각 위격들은 우리가 언어로 표현할 수 있는 것 훨씬 이상의 분이시고, 또 그 이상의 일들을 행하시는 분들이기 때문이다.
　더욱이 "창조자, 구속자, 지탱자" 같은 표현들로는 우리가 삼위일체의 각 위격들 사이에 존재한다고 믿고 있는 서로의 관계성이 적절히 포착되지 않는다. 즉 "성부"와 "성자"라는 인격적 표현에는 두 분 사이에 존재하는 친밀한 관계가 내포되어 있지만, "창조자"와 "구속자"는 그렇지 못하다. 삼위일체를 적절히 표현하려면, 그 언어가 삼위일체의 본질적 특징인 서로의 위격들 사이에 존재하는 따뜻함과 신뢰와 친밀감을 나타낼 수 있어야 한다.
　한 가지만 더 말해보자. "영"에 해당하는 히브리어 '루아흐'(*ruach*)는 "바람" 또는 "숨"이라는 뜻도 있는데, 이것은 여성 명사이다. 어떤 신학자들은 이것이 삼위일체에 주는 의미가 있다고 생각한다. 그들은 성령이 삼위일체에 성의 균형을 부여해준다고 말한다. 그러나 삼위일체와 관련된 많은 토론에서 "성령"의 성이 갖는 의미에 대해서는 그다지 의견이 일치하지 않는다. 왜냐하면 "영"은 헬라어로는 중성이고, 또 라틴어에서는 남성이기 때문이다. 신학자 셜리 거쓰리가 언급한 것처럼 성령에 대해서는 그분을 인격—어떤 **것**이 아니라 어떤 **분**—으로 말하는 것으로 충분하다.

삼위일체와 관련해 오늘날 문제가 되고 있는 것은 성 문제가 전부는 아니다. 위계질서(hierarchy) 문제도 그 한 예이다.

삼위일체 사상의 역사를 살펴보면, 서구의 많은 이들은 삼위일체를 나타내는 시각 이미지로 삼각형을 택해왔음을 알 수 있다. 즉 삼각형의 위 꼭지점에는 성부가 위치해 있고, 성자와 성령은 아래에 위치해 있다. 이런 관점에서 보면 성부는 최고의 존재, "전능하신" 분이시고 반면에 성자와 성령은 그보다 못한 분들로 보여진다. 높으신 분들이긴 하지만 무언가 성부보다는 못한 존재들로 이해되기 쉽다. 이러한 삼각형 이미지는 삼위일체 세 위격들 사이에 완벽한 평등과 상호성이 존재하기보다는 하나님 자체 내에 어떤 위계질서가 내포되어 있다는 생각을 조장시켜왔다.

교회사 초기부터 신학자들과 교회 지도자들은 삼위일체 사상에 대한 많은 오류들(때로는 "이단")을 제거하기 위해 애써왔고, 그중에는 이른바 "종속설"(subordinationism)(성자가 성부에 종속되어 있다는 사상—역주)이라는 오류도 있었다. 이것은 바로 이러한 위계질서 모델에서 생겨난 것이었다. 교회가 최선의 노력을 기울였음에도 그 오류는 퍼져나갔고, 그 결과 이러한 위계질서 모델은 우리의 가장 기본적—개인적, 가정적, 사회적—인간 관계 속으로도 들어왔다. 이러한 주장을 제기하는 사람들에 따르면, 삼위일체 교리의 지지를 등에 업은 것처럼 보이는 위계질서적인 사고 때문에 우리가 서로를 대하는 방식도 왜곡되기에 이르렀다는 것이다. 가령 권력과 권위 문제에 있어서 위계질서적인 사고는 하나님께서 우리에게 원하시는 건강한 관계들을 방해해왔다.

이것은 비극인데, 사실 삼위일체가 우리에게 가리키는 것은 위계질서와는 전적으로 다른 것이기 때문이다. 하나님을 한 분으로 생각하려는 노력의 와중에서, 우리는 삼위일체는 한 분이시면서 또한 서로 존중하고 사랑하는 인격들로 이루어진 한 사회(a society)라는 의미를 놓치고 말았다. 이것을 일컬어 어떤 신학자들은 "사회적 삼위일체"(social Trinity)라고 부른다. 「기독교 조직신학 개론」에서 신학자 다니엘 밀리오리는 이렇게 말한다. "하나님의 일치성은 무차별적이고 죽은 일치성이 아니다. 본질적으로 삼위일체는 인격들 사이의 사랑의 **코이노니아**(친교)이다."

| 우리가 하나님의 형상대로 창조되었다는 사실은 하나님의 실재에 대해 무엇을 반영해줍니까?
| 우리가 관계 안에서 관계를 통해 창조되었다는 사실이 성 삼위일체를 반영해줍니다. 한 하나님이신 신비 안에서, 세 분 하나님 – 성부, 성자, 성령 – 은 완전한 사랑과 자유 안에서, 영원토록 서로의 안에서, 서로와 함께, 또 서로를 위해 사십니다.

학습문답, 1998 (미국장로교회: PCUSA)

그러나 하나님의 내적 신비에 대한 이러한 사색은, 우리 삶에 주는 의미가 없을 경우에는 시간 낭비에 불과할 수 있다. 그렇다면 하나님의 내적 삶은 우리가 서로를 대하는 방식과 무슨 관련을 가질 수 있는가?

동방정교회(Eastern Orthodoxy)에서 삼위일체를 나타내는 지배적 이미지는 삼각형이 아니라 원형이었다. 동방정교회의 종교 미술이나 아이콘에서는, 성부와 성자와 성령은 흔히 한 테이블에 둥그렇게 앉아 함께 식사를 나누고 있는 것으로 묘사되었다. 8세기의 헬라 신학자 다마스커스의 요한(John of Damascus)은 'perichoresis'(문자적으로는 "원을 그리며 춤추기")라는 개념을 발전시켰다. 이러한 관점에서는 성부와 성자와 성령은 함께 손을 잡고 원을 그리며 춤을 추듯, 조화롭고 기쁜 삶을 함께 나누는 분들이시다.

이러한 이미지가 오늘 우리 삶에 주는 의미는 무엇인가? 이 일치 속에는 지위의 높낮이가 없으며, 중요성의 등급도 없고, 지배자와 피지배자 구별도 없으며, 명령권 논란도 없다. 다만 성부와 성자와 성령은 서로—상대**로부터**(from)가 아니라 상대를 **위해**(for)—자유롭게 관계를 맺고 계신다. 삼위일체의 위격들은 절대적 자율 안에서 서로 아무 관계도 맺지 않고 오로지 자기 안에 갇혀 존재하는 주체들이 아니다. 삼위일체 위격들은 공동체 안에서 존재한다. 그들은 상호의존적이다. 그들은 사랑을 주고받는다. 그들은 중요성으로가 아니라 그 기능에 의해 서로 구분된다.

이 모든 것들은 최근의 신학 토론에서 매우 세밀하게 토의되고 탐구된 주제들이다. 어떤 신학자들은 이러한 삼위일체적 통찰에 입각하여 기독교 윤리 체계를 세우기도 했다. 삼위일체는 교회사의 초창기처럼 지금도 여전히 뜨겁게 토의되는 주제이며, 아직 그 누구도 최종결론을 제시했다고 할 수 없다. 흥미로운 것은 하나님에 대한 우리의 이해가 깊어지면 깊어질수록, 우리 자신에 대해서도 더 깊은 이해를 갖게 된다는 사실이다.

어렴풋하기는 하지만 사회적 삼위일체에 대한 이러한 묘사가 하나님의 내적 삶 내지는 본질에 대한 바른 통찰이라면, 이것은 우리의 삶—결혼, 가정, 공동체 생활—에 어떠한 의미를 주는가? 삼위일체는 우리의 이러한 관계들 역시 새롭게 바라볼 것을 요구하지 않는가?

우리 위에 계시고, 우리 곁에 계시며, 우리 속에 계신 분. 당신은 지금 하나님을 이렇게 경험하고 있는가?

당신도 앞에서 언급한 우리 교회 지체 같은 사람이라면, 당신에게도 "예수님 날 사랑하심, 나는 아네"가 적절한 신앙고백일 수 있다. 그러나 기독교 전통은 우리에게 하나님에게는 그 이상의 것이 있음을 말해준다. 우리가 예배드리는 하나님, 우리를 사랑하시는 하나님은 분명히 우리가 아는 것보다 훨씬 더 크시고, 훨씬 더 신비로우시며, 훨씬 더 신묘막측 하신 분이다.

하나님을 "성부, 성자, 성령"으로 부르는 것이 우리가 아는 한, 하나님을 가장 완전하게 묘사하는 최선의 방법이다. 이것이 그동안 유구한 경험을 통해 우리 그리스도인들이 배운 최선의 방법이다.

당신은 창조세계 안에서 보고, 성경에서 읽고, 당신의 삶에서 경험하는 하나님을 어떻게 묘사하겠는가?

더 깊은 공부와 생각을 위한 질문들

- 삼위일체 교리가 필요한 이유는 무엇인가? 그 교리가 설명해줄 수 있는 것은 무엇인가?
- 헬라어를 사용하는 동방교회와 라틴어를 사용하는 서방교회는 방향과 강조점에 있어 조금 차이가 있었다. 서방 그리스도인들은 동방교회의 전통으로부터 무엇을 배울 수 있는가? 또 동방 그리스도인들이 서방교회에서 배울 수 있는 것들에는 어떤 것이 있는가?
- 어떤 그리스도인들은 우리가 세례 때 말하는 "성부, 성자, 성령"이라는 표현에 대해 성(gender) 문제와 관련하여 이의를 제기한다. 당신은 삼위일체 하나님을 더 적절히 묘사할 수 있는 다른 표현법을 생각할 수 있는가?

Remembering the Faith: What Christians Believe

마지막에 있을 일들

종말론

생후 육개월 되었을 때, 나는 거의 죽을 뻔한 적이 있다. 아기로서 마지막을 맞는다는 것은 전적으로 그릇된 일이다… 그때 나의 어린 몸과 형성중이던 나의 전(前)언어적 지성이 겪었던 것은 바로 생명과 죽음 사이의 투쟁이었다. 확신하기로는, 그때 나의 무의식은 무언가 굉장한 것이 내게 다가오고 있다는 느낌에 사로잡혔고, 그 느낌은 지금도 여전히 무의식에 자리잡고 있다. 그러므로 내게는 "종말론"이라는 단어가 결코 비현실적으로 느껴지지 않으며, 단지 미래에만 일어날 일들과 관련된 단어로만 생각되지 않는다. 그것은 시간의 유동성을 말하는 양자 물리학과 조화를 이루는 듯하고.
내가 보기에는, 사전적 정의로는 다 전달될 수 없는 지극히 신비한 의미에서의 삶의 긍정이 그 단어 속에 담겨져 있다.

캐쓸린 노리스(Kathleen Norris),
「놀라운 은혜: 신앙의 어휘」(*Amazing Grace: A Vocabulary of Faith*)

당신은 지금 우리 삶이 어디로 가고 있는지 생각해본 적이 있는가? 당신의 종국이 결국 어떻게 될 것인지 생각해본 적이 있는가? 또한 당신의 자녀나 손자들이 결국 어떻게 될 것인지에 대해서도?

얼마 전 96세의 나이로 세상을 떠나신 나의 할머니는 당신의 손자손녀들이 살아가야 할 이 세상에 대해 말씀하실 때면 불신감에 고개를 절레절레 흔들곤 하셨다. 지금의 세상은 할머니의 어렸을 때와는 너무도 판이하게 달라졌기 때문이었다. 할머니는 미래에 대해 많은 생각을 하셨다. 사실, 생애의 마지막 몇 년 동안 그녀가 가장 많이 생각했던 주제는 바로 이것이었다.

결국 우리는 어떻게 되는 것인가?

이 질문에 대해 우리의 신앙은 답변을 가지고 있다. 그러나 내가 보기에는, 많은 그리스도인들이 앞에서 탐구해온 다른 주제들처럼 이 질문에 대해서도 자신이 믿고 있는 바를 확신있게 말하지 못하고 있다. 오늘날 많은 그리스도인들은 소위 "마지막에 있을 일들"(Last Things)에 대한 기독교 전통의 가르침이 무엇인지 잘 모르고 있다. 이것은 비극이다. 무릇 신앙인이라면—현재뿐 아니라 미래에 대해—자신이 무엇을 믿고 있는지 말할 수 있어야 하기 때문이다. 우리는 이 세상이 결국 어디로 갈 것인지 알고 있어야 한다. 정확한 지식은 아니지만 적어도 올바른 신앙의 사고는 갖고 있어야 한다.

1970년에 할 린드세이(Hal Lindsey)라는 사람이 「대유성지구의 종말」(*The Late Great Planet Earth*, 생명의 말씀사)이라는 제목의 책을 출간했다. 이후에 이 책은 역사상 가장 많이 팔린 책들 가운데 하나가 되었다.

> 일월 성신에는 징조가 있겠고 땅에서는 민족들이 바다와 파도의 우는 소리를 인하여 혼란한 중에 곤고하리라 사람들이 세상에 임할 일을 생각하고 무서워 하므로 기절하리니 이는 하늘의 권능들이 흔들리겠음이라 그때에 사람들이 인자가 구름을 타고 능력과 큰 영광으로 오는 것을 보리라 이런 일이 되기를 시작하거든 일어나 머리를 들라 너희 구속이 가까웠느니라 하시더라.
>
> 누가복음 21:25-28

그 책에서 할 린드세이는 성경—특히 다니엘서와 요한계시록—과 세계 역사—최근의 역사—를 살펴본 후에 마지막으로 그 둘이 서로 얼마나 잘 들어맞는지, 즉 성경이 현재 역사의 진행과정을 얼마나 잘 예측하고 있는지에 대해 대중적이고 알기 쉽게 설명하고 있다. 그에 따르면, 현재 우리는 "말세"를 살아가고 있는 것이 분명했다. 린드세이는 그리스도의 재림이 임박했다고 주장했다. 모든 징후들이 역사의 종말을 가리키고 있다는 것이다.

이 책과 그 속에 담긴 관점은 많은 미국 그리스도인들의 관심을 불러 일으켰다. 그 이유는 많은 그리스도인들이 보기에 그의 주장들이 신문 1면에서 보는 내용과 일치해 보였기 때문이다. 그의 주장대로 중동지방은 언제나 위기상황이었고, 당시 소비에트 연방은 언제라도 막강한 군사력을 사용할 것처럼 보였다. "사실일까?" 수백만의 사람들이 알고 싶어했다. "정말 우리는 지금 역사의 끝부분에 살고 있는 것일까?"

물론 그러한 종류의 책을 쓴 사람이 할 린드세이가 처음은 아니었다. 다만 그는 이전 누구보다도 그 주제에 대해 글을 잘 썼으며 타이밍 또한 좋았다고 할 수 있다. 사실 그의 관점은 새로울 것이 아무것도 없었다. 역사 속에는 언제나 할 린드세이처럼 종말의 징후들을 열심히 찾아다녔던 그리스도인들이 끊이지 않았다.

1909년에 변호사였던 C. I. 스코필드(Scofield)는 「스코필드 주석성경」(*Scofield Reference Bible*)을 출간했다. 성경 본문에 여러 주해와 차트, 도해들이 첨가된 그 책은 역사를 일련의 세대로 구분지었다. (여기서 종말론의 한 학파를 가리키는 "세대주의"(dispensationalism)라는 말이 나왔다.) 스코필드의 계산에 의하면, 20세기 그리스도인들은 마지막 때를 살고 있는 것이 분명했고 성경에 예언된 대로 이제 그리스도의 재림과 휴거와 그리스도의 천년 통치가 곧 도래하는 중이었다. 흥미롭게도 그 후 「스코필드 성경」은 1967년에 재출간되었는데, 이는 린드세이의 책이 출간되기 불과 몇 년 전의 일로서, 역사가 어디로 가고 있는가에 대한 당시 대중들의 되살아난 관심을 잘 반영해주고 있다.

개혁신학 전통의 신학자인 셜리 거쓰리는 이러한 그리스도인들—스코필드, 린드세이 같은 이들—을 일컬어 "역사 비관주의자들"이라고 부른다. 그에 따르면, 그들의 역사 이해는 본질적으로 비관적이라는 것이다. 그들은 세상의 상황이 점점 더 악화되어갈 것이라고 전망한다. 큰 재앙들과 말세적 사건들이 계속해서 일어날 뿐만 아니라 점점 더 빈번하게 일어날 것이다. 오직 그리스도의 재림만이 모든 것을 다시 바로잡을 수 있다. 그분이 속히 오시면 오실수록 좋다. 따라서 그들의 간절한 기도는 "주 예수여, 어서 오시옵소서"이다.

당신도 짐작하겠지만 이처럼 "역사 비관주의자"로 불릴 수 있는 사람들 속에 그리스도인들만 있는 것은 아니다. 지난 세기 동안 많은 작가와 사상가들이 이런저런 방식으로 도덕성의 쇠퇴와 예의 퇴락, 사회 질서의 붕괴 등을 지적해왔다. 지난 반세기 동안 가장 중요한 소설가 가운데 한 사람이었던 존 업다이크(John Updike)의 책 중에 「시간의 종말을 향하여」(*Toward the End of Time*)가 있다. 지금부터 대략 3백년 후의 미래를 배경으로 삼고 있는 그 이야기는 핵전쟁이 발발해 수천만의 사람들이 목숨을 잃는다는 내용이다. 존 업다이크가 묘사하는 인류의 미래는 우울하고 추악하다.

이같은 비관적 관점은 우리 가운데 깊이 뿌리내려져 있다. 염려스럽고 암울한 현상이다. 이것은 분명 삶을 긍정하는 관점이 아니다. 역사 비관주의자들이 우리의 관심을 끄는 것은, 이들 대부분이 우리의 두려움에 호소하기 때문이다. 그러나 설령 그들의 말이 옳다고 한다면 어떤가? 지금 우리의 상황이 나쁜 것은 사실이고, 앞으로도 상황은 좋아지기보다는 더 나빠지리라는 견해가 강하다. 대재앙이 임박했다는 예측에 휩쓸릴 만한 분위기가 있는 것도 사실이다. 전지구적 혼란과 광범위한 재앙에 대한 예측은 천년왕국의 도래와도 연관되어 있다. 내가 보기에 "Y2K 문제" 같은 것에 지나치게 민감한 사람들 역시 이러한 역사 비관주의자들이다.

그러나 역사 비관주의만이 존재하는 것은 아니다. 거쓰리에 따르면, 우리 가운데는 또한 "역사 낙관주의자"도 있다. 역사 낙관주의자들은 상황이 점점 좋아지고 있다고, 혹은 인간의 노력을 통해 상황이 지금보다 개선될 수 있다고 믿는다. 이들에 따르면, 지금 우리에게는 가난을 제거할 수 있는 도구가 있다. 우리에게는 기아를 없앨 수 있는 역량도 있고, 서로 다른 인종과 민족들이 함께 조화롭게 살도록 하려면 어떻게 해야하는지 그 방법도 알고 있다. 다만 우리에게 남은 과제는 그것을 **실행**하는 것이다.

이러한 역사 낙관주의는 전통적 기독교의 관점은 아니지만, 역사 속에서 개신교를 포함한 많은 그리스도인들이 역사 낙관주의자가 되곤 했다. 흔히 장로교인 하면 미국 전역에 학교와 대학을 세운 것으로 유명하다. 장로교인들은 사람들에게 읽고 쓰는 법을 가르치고 그들에게 교육의 혜택을 부여하면 하나님의 나라가 그 만큼 훨씬 더 가까워질 것이라고 생각했기 때문이었다. 많은 이들이 교육을 하나님 나라의 길을 예비하는 중요한 도구로 생각했다.

또 장로교인들은 정부에도 관여해왔다―그것도 장로교회의 실제 크기에 비해 상대적으로 아주 많이. 지금은 그렇지 않지만 얼마 전까지만 해도 미국 의회에는 다른 교파 비율보다 장로교 비율이 더 높았다. 왜? 장로교인들은 우리가 세상을 더 좋은 곳으로 만들 수 있다고 믿었기 때문이다. 자신들을 미래를 향한 하나님이 계획하신 사역의 동반자로 생각했다.

"위대한 사회"(the Great Society)에 대해 생각해보라. 비록 지금 와서는 터무니없이 오도된 생각으로 여겨지고 있지만, 1960년대 사람들은 정말 그들이 위대한 사회를 이룰 수 있다고 생각했었다. 사람들을 가난으로부터 구하기 위해 만들어진 그 모든 정부 프로그램들에 대해 생각해보라. 그때 우리가 가졌던 생각은 무엇인가? 지금이야 그것을 조롱하듯 "복지국가"라고 부르고 있지만, 그 당시 많은 미국인들은 정말로 자신들이 어떤 일도 해낼 수 있다고 생각했었다.

또 '스타 트랙'(*Star Trek*)에 대해 생각해보라―그 오리지널 TV시리즈와 연이은 후속물에 대해서도. 오락 산업도 미래에 대해 어떤 관점을 가지고 있는 듯 보인다. 사실 기아와 인종차별이 극복되고, 사람들이 서로 협력하여 평화스럽게 함께 살며, 삶의 가장 중요한 임무가 "낯설고 새로운 세상을 탐구하는" 미래에 관한 것이라면 어느 누가 매력을 느끼지 않겠는가? '스타 트랙'의 계속되는 상업적 성공은 내가 보기에는 인류의 미래에 대해 많은 사람들이 낙관적 믿음을 갖고 싶어한다는 사실을 말해주는 것이다.

그렇다면 정말 우리의 미래는 어떤 것인가? 그것에 대해 우리는 낙관적이어야 하는가, 아니면 비관적이어야 하는가? 우리와 이 세계를 향한 하나님의 계획은 정확히 무엇인가?

"볼지어다 내가 세상 끝날까지 너희와 항상 함께 있으리라."

마태복음 28:20

많은 그리스도인들―특히 개혁교회 그리스도인들―은 결코 역사 비관주의자도, 역사 낙관주의자도 아니었다는 사실을 기억하는 것이 중요하다. 우리가 미래를 낙관적으로 보아왔다고 할 수도 있지만, 그것은 우리가 하나님이 이 세상을 다스리신다고 믿었기 때문이지, 반드시 이 세상 자체가 점점 좋아지고 있어서가 아니었다. 우리로서는 세상이 점점 좋아지고 있다는 확신을 가질 수 없다.

이제 내가 속한 기독교의 개혁교회 전통에서 이 특별한 주제에 대해 어떻게 가르쳐왔는지 가능한 한 간략하게 설명하겠다. 그러나 앞에서 언급한 대로, 최근 신학계에서는 이 주제와 관련해 매우 활발한 토론이 진행되어왔음을 기억하는 것도 중요하다. 위르겐 몰트만(Jürgen Moltmann) 같은 신학자들은 광범위한 저작활동을 통해 단지 미래에 대해서뿐만 아니라 시간 자체의 본질에 대해 신선하고 흥미로운 사상을 우리에게 소개해주었다. 그 사상들 가운데 어떤 것은 결국 주류 기독교사상에 편입될 것이 확실하다. 그러나 여기서 나는 그리스도인들이 앞으로 믿게 될 것이 아니라 지금까지 믿어왔던 것들에 대해서만 최대한 간략히 설명하려고 한다.

종말에 대한 신학을 생각할 때 내게 떠오르는 성경 구절이 하나 있다. 하늘의 구름을 타고 다시 오시리라는, 누가복음에 기록된 예수님의 말씀이 그것이다.

그리스도인들―앞장에서 말했듯이 특히 개혁교회 그리스도인들―은 성경을 대단히 중요하게 여긴다. 우리는 말씀의 사람들이다. 그러나 성경을 이해하려면 반드시 주의깊은 해석 작업이 필요하다고 믿는다. 가령 성경이 우리에게 예수님이 "하늘 구름을 타고" 다시 오실 것이라고 말할 때 우리는 그것을 어떻게 해석해야 하는가? 문자 그대로 해석해야 하는가? 그렇다면 그것은 시카고 하늘의 구름을 말하는 것인가? 아니면 예루살렘 하늘의 구름이나 당신이 살고 있는 동네의 구름을 말하는 것인가?

생각나는 구절이 또 하나 있다. 바울이 데살로니가 교인들에게 보낸 첫번째 편지에 나오는 구절이다. 이 편지는 우리에게 역사가 끝날 때 나팔 소리가 있을 것이라고 말한다. 여기서 이런 질문이 생겨날 수 있다. 그렇다면 그 나팔이란 대체 어떤 종류일까? 지구 위의 모든 사람이 들을 수 있을 정도로 커다란 하나님 만한 나팔?

종말을 묘사하는 이러한 구절들을 읽으면서, 우리 인간의 언어에는 한계가 있다는 사실을 기억할 필요가 있다. 성경의 그 표현들은 인간 언어의 범위뿐 아니라 인간 경험의 범위를 넘어서는 어떤 것에 대한 묘사이다. 예수님 자신도 종말에 대해 그 날과 때와 같이 중요한 세부사항에 대해서는 모른다고 말씀하신 후에(막 13:32) 이어서 비유적 표현들을 통해 당신이 설명하시려는 것을 우리에게 이해시키시는 모습을 볼 수 있다.

데살로니가전서의 상황을 보면(특히 4:13-5:11), 당시 어떤 이들은 종말에 대해 큰 근심에 사로잡혀 있었다. 그들은 그리스도의 재림이 임박했다고 생각하고 있었는데, 이미 죽은 자들은 어떻게 될 것인지에 대해 염려하고 있다. 이미 죽은 자들도 그리스도를 뵙게 될 것인가? 여기에 대해 사도 바울은 따뜻하고 부드러운 어조로 대답한다. "형제 자매 여러분, 나는 여러분들이 여기에 대해 무지하기를 원치 않습니다." 그는 언젠가 때가 되면 우리가—죽은 사람이든 살아 있는 사람이든—어떻게 하나님과 함께 있게 될 것인지 설명하고 있다. 분명 이것은 우리의 두려움을 잠재울 뿐만 아니라 특별히 이미 죽은 자들과 관련하여서도 우리 마음에 평화를 가져다주려는 의도였다. 바울은 "이러한 말로 서로 격려하라"고 했다.

그러므로 이러한 구절들—특히 휴거(신자들이 구름 속으로 들려 올라가 그리스도와 함께 있게 되는 것)에 대한 구절들—을 읽고 사람들에게 미래에 대해 경고하거나 겁을 주려는 목적으로 사용하는 것은 성경 말씀에 대한 심각한 오해이다. 그러나 실제로는 그런 구절들이, 비록 선한 의도이기는 하지만 그런 식으로 해석되고 사용될 때가 많았다. 어떤 기독교 전통에서는 마지막에 있을 일들(종말론)에 대한 언급이, 태평한 사람들의 정신을 번쩍 들게 하는 수단으로 사용되는 경우도 있었다. 그러나 그 의도가 아무리 귀하고 옳은 것이었다 해도, 그것이 노리는 효과는 사람들에게 두려움을 조장해 기독교 메시지를 듣게 만드는 것이었다.

> 주께서 호령과 천사장의 소리와 하나님의 나팔로 친히 하늘로 좇아 강림하시리니 그리스도 안에서 죽은 자들이 먼저 일어나고 그 후에 우리 살아 남은 자도 저희와 함께 구름 속으로 끌어 올려 공중에서 주를 영접하게 하시리니 그리하여 우리가 항상 주와 함께 있으리라 그러므로 이 여러 말로 서로 위로하라.
>
> 데살로니가 전서 4:16-18

내가 지금 사는 지역은 지금껏 내가 살아본 어떤 지역보다도 역사 비관주의자의 비율이 높은 곳인데, 종종 나는 이런 글귀가 찍힌 범퍼 스티커를 보게 된다. "휴거가 일어나면 이 차의 운전자는 사라질 것임." 그 경우에 나는, 그 운전자가 나와는 다른 신학 전통에 속한 사람임을 거의 예외 없이 맞출 수 있다.

내가 성경을 이해하는 바에 따르면, 바울은 우리에게 미래에 대한 염려와 두려움을 없애주려고 했지 결코 부추기려고 하지 않았다.

내가 속한 기독교 전통에 대해 한마디만 덧붙이려고 한다. (이것은 내가 자라면서 영원에 대한 설교를 그다지 많이 듣지 못했던 이유 중 하나인데) 개혁교회 전통의 그리스도인들은 미래는 하나님의 손안에 있기 때문에 그것에 대해 염려하는 것은 헛된 시간 낭비라고 생각한다. 볼 수 없는 미래에 대해 쓸데없는 상상을 일삼기에는 하나님께서 우리에게 행하라고 맡기신 일들이 너무 많기 때문이다.

  내가 앞에서 제시한 성경 구절들—또 구약 다니엘서와 신약의 요한계시록—을 제외하면 성경은 종말에 대해 그다지 많은 말씀을 하고 있지 않다. 대부분의 성경 기자들은 종말에 대해 별다른 추측을 시도하지 않는데, 그것은 그들이 종말을 기쁨과 확신을 가지고 기대하며 살았기 때문이다. 이것은 중요한 사실이다. 어떤 면에서 이것은 그리스도인인 우리들에게 삶의 모델이 되기 때문이다.

  다분히 개혁신학 전통의 건축가로 불릴 만한 존 칼빈도 우리에게 이런 경고의 말을 들려준다. "미지의 문제에 대해 하나님이 우리에게 알려주시는 것보다 더 깊이 파고드는 것은 미련하고 무모한 일이다." 너무도 옳은 말이다. 그러나 우리에게 이런 경고의 말을 해주는 이가 그 혼자만은 아니다. 라인홀드 니버(Reinhold Niebuhr) 역시 이렇게 말한다. "그리스도인들이 천국의 가구나 지옥의 온도에 대해 알고 있다고 주장하는 것, 또 역사의 절정인 하나님 나라의 세세한 사항들에 대해 지나치게 확신하는 것은 어리석은 일이다." 이 또한 내가 좋아하는 말이다.

  그렇다면 개혁신학 전통에 속한 사람으로서 "미련하고 무모하며" "어리석지" 않으려는 이들이 해야 할 일은 무엇인가? 바로 지금, 이 자리의 삶에 충실하는 것이다. 성경은 미래에 대해서는 많은 말을 하지 않지만, 오늘을 어떻게 살아야 하는가에 대해서는 세세하게 많은 말을 하고 있다. 하나님께서 오늘 우리에게 요구하시는 삶을 살기에도 당신과 나는 이미 충분히 바쁘다. 미래는 하나님의 책임이다. 우리의 책임은 다만 오늘을 어떻게 사느냐 하는 것이다.

마지막으로 한 가지만 더 이야기하자. 한 신학자가 이렇게 말했다. "하나님이 미래에 어떻게 행동하실 것인지 알고자 한다면, 하나님이 과거에 어떻게 행동하셨는지를 보면 된다."

앞에서 말했듯이 구약성경의 예언들을 찾아다니며 종말에 대한 단서들을 샅샅이 찾느라 시간을 다 보내는 그리스도인들이 있다. 의도는 좋으나 길을 잘못 든 그들에게 우리는 이렇게 말하고 싶다. "괜히 일을 어렵게 하고 있군요. 우리는 하나님께서 미래에 어떤 일을 행하실지 아는 데 필요한 모든 증거들을 가지고 있습니다."

> 오 주님, 우리의 발걸음을 굳세게 하시어, 우리로 하여금 세상의 요동하는 움직임에도 비틀거리지 않고, 우리의 영광스러운 본향을 향해 한결같이 걸어가게 하소서. 여정 중에 만나는 날씨로 인해 불평하거나, 도중에 들이닥치는 일들로 인해 길을 벗어나지 않게 하소서…예수 그리스도 우리 주님을 통해.
>
> 존 웨슬리, "이 덧없는 삶"(*This Transitory Life*)

창조세계를 회복하고 그 모든 것을 바로 잡으시려는 하나님의 계획은 이미 창세기 처음 장들에서부터 시작되었다. 하나님이 남겨놓으신 흔적은 그때까지 거슬러 올라간다. 또, 약 이천년 전에 베들레헴에서 예수님의 탄생이 있었고, 그 사이에도 많은 일들이 있었다. 그러므로 이처럼 하나님의 과거경력에 대해 알고 있는 사람이라면, 하나님은 언제나 자신의 창조세계에 대해 사랑으로 행동하시리라는 분명한 확신을 가질 수 있다.

최후의 심판에 대해 끔찍한 이미지를 갖고 있는 이들이—이전 세대보다는 적어졌지만—있다. 사실 성경에는 그 사건이 그다지 세밀하게 묘사되어 있지 않는데, 시스틴 성당(Sistine Chapel)에 그려진 미켈란젤로의 유명한 그림 **최후의 심판**은 우리 뇌리 속에 끔찍한 모습으로 생생하게 새겨져 있다. 최후의 심판에 대해 우리가 갖고 있는 이미지가 어디서 온 것이든 우리 주위에는 그 심판 날—자기나 혹은 사랑하는 사람에게—에 일어날 일에 대한 공포심으로 괴로움을 겪는 사람들도 있다. 얼마 전 나는 최후의 심판에 대한 자신의 두려움을 솔직히 털어놓는 한 남자와 성경공부를 한 적이 있다. 그는 하나님이 자신을 어떻게 대하실지 확신할 수 없다며 불안감을 감추지 못했다.

그러나 다시 말하지만 하나님에게는 지난 시간들을 통해 그분이 남겨놓으신 흔적이 있고, 그것을 아는 사람이라면 그런 불안은 마땅히 사라져야 한다. 성경은 그날 심판석에 앉으실 분이 다름아닌 예수 그리스도시라고 분명히 말한다. 그분은 우리를 위해, 우리로 하여금 하나님의 심판을 면케 하기 위해 십자가에서 죽으신 분이다.

그러므로 두려워할 것이 무엇인가? 나에게는 없다. 물론 나는 내가 심판을 받아 마땅한 죄인인 것을 잘 안다. 그러나 좋은 소식(good news)은, 하나님은 그것을 근거로 나를 대하시지 않는다는 사실이다. 구약과 신약성경에서 내가 읽고 만난 하나님은 당신의 은혜에 근거하여 우리를 대하시는 하나님이시다. 이것이 나의 유일한 희망이며, 내가 살아가는 유일한 희망의 근거이다. 하이델베르크 요리문답은 최후의 심판이 무엇이든 우리는 머리를 꼿꼿이 세운 채 그 심판을 맞을 수 있다고 말한다. 그것은 하나님의 성령께서 우리에게 "마침내 완전한 승리를 이룰 때까지 단호하게 원수를 저지할 수 있는" 능력을 주시기 때문이다.

당신과 나는 어떤 미래를 맞이할 것인가? 종말은 어떤 모습인가? 확실하게 알 수 없다. 어느 누구도 마찬가지다. 일부 그리스도인들이 생각하는 만큼, 성경에는 종말에 대해 분명하고 세세하게 기록되어 있지 않다. 그러나 적어도 이것만은 분명히 알고 있다. 바로 우리의 미래는 하나님의 손안에 있다는 사실이다. 그것이 좋은 소식이다.

기억해야 할 것이 또 하나 있다. 당신과 나는 오늘을 책임 있게 살라는 부르심을 받았다. 바로 그것이 남은 생애 동안 우리가 늘 마주해야 할 도전이다.

더 깊은 공부와 생각을 위한 질문들

- "마지막에 있을 일들"에 대한 이야기에 푹 빠져 있는 그리스도인들이 많다. 휴거 이후의 삶을 다룬 소설들이 베스트셀러가 되고 있다. 반면에 어떤 그리스도인들은 미래에 대해 무관심해 보인다. 그들은 현재의 삶을 개선시키고자 노력한다. 당신은 어느 편에 속하는가? 우리는 이런 문제들에 대해 어떤 태도를 취해야 하는가?
- "종말에 대해 말하는 성경의 표현들은 은유적이거나 상징적이다." 여기에 당신은 동의하는가?
- 나는 이 말을 좋아한다. "하나님이 미래에 어떻게 행동하실 것인지 알고자 한다면, 하나님이 과거에 어떻게 행동하셨는지를 보면 된다." 하나님의 과거경력을 통해 당신은 하나님이 미래에 하실 일에 대해 무엇을 알 수 있는가?

Remembering the Faith: What Christians Believe

육신이 된 말씀

성육신

우리를 진리로부터 벗어나지 않도록 처음부터 끝까지 지켜 주시기 위해 놓인 길. 그것이 바로 성육신 교리이다—동일한 한 분이 하나님이면서 동시에 사람이라는 교리. 하나님으로서 그분은 우리 여정의 목적지가 되시며, 또한 사람으로서 그분은 우리가 걷는 길이 되신다.

성 어거스틴, 「하나님의 도성」(*The City of God*)

"**말**씀이 육신이 되어 우리 가운데 거하셨다." 이 말씀은 대체 무슨 의미인가?

 내가 이 말씀을 묵상하기 좋아하는 때는 크리스마스 시즌이 아니라 7월이다. 오히려 크리스마스 시즌에는 묵상하는 데 방해받을 뿐 아니라 도대체 그 시즌이 무엇을 경축하기 위한 것인지 쉽게 망각해버리곤 한다. 그러나 여전히 이것은 중요한 질문이다. 성탄의 의미는 무엇인가? "말씀이 육신이 되었다"는 것은 대체 무슨 의미인가?

 어느 해인가 성탄절을 며칠 앞두고 내 기분은 저기압이 되어 있었다. 해야 할 일이 너무 많은 데다 흔히 겪게 되는 목회에서 오는 스트레스가 원인이었다. 나는 시카고의 주요 동서 간선도로인 루스벨트 거리를 따라 운전하다가 문득 한 사무실 건물 밖 간판에 적힌 글귀를 보게 되었다. "시즌이 있는 것에는 이유가 있다"(There's a reason for the season).

 그것을 보는 순간, 크리스마스 시즌에 대한 반응이 그토록 시무룩한 것에 스스로 놀라면서 나는 이런 생각을 했다. "정말 그러길 바래. 이렇게 할 일이 많은 걸 보면 분명 무슨 이유가 있긴 있을 테지."

 그때나 지금이나 질문은 이것이다. "이 세상에서 성탄의 의미는 대체 무엇인가?"

우리는 그동안 얼마나 많은 성탄 이야기를 들어왔으며, 주일학교 성탄 행사에는 또 얼마나 많이 가봤고, 집과 잔디밭에 꾸며진 성탄 장식 또한 얼마나 많이 봐왔던가. 그렇지만 나는, 성육신의 의미가 무엇인지 제대로 말할 수 있는 사람이 우리 가운데 과연 얼마나 될까 의심스럽다.

성탄절은 **거룩한** 신비, 지금까지 살펴본 그 어떤 교리 못지 않게 설명하기 어려운 한 신비를 경축하는 날이다. **하나님께서 여전히 하나님이시면서 동시에 한 인간이 되셨다**는 신비, 모든 사람의 시선을 끄는 방법이 아니라 육신을 입고 나사렛 예수라는 한 인물을 통해 하나님이 우리에게 오신 신비이다.

▎하나님의 아들이신 그리스도는 어떻게 사람이 되셨습니까?
▎하나님의 아들이신 그리스도는, 진짜 몸과 이성적 영혼을 취하시고, 성령의 능력을 통해 동정녀 마리아의 자궁 속에서 잉태되시고, 죄는 없으신 분으로 그녀에게서 태어나심으로 사람이 되셨습니다.

웨스트민스터 소요리문답, 1647

성탄절을 바르게 이해하고 균형있게 볼 수 있도록 내게 도움을 준 것을 먼저 이야기하고 싶다. 복음서에 기록된 예수님의 사역을 살펴보면, 그의 특별한 탄생 때문에 그분을 믿게 된 사람은 아무도 없었다. 그분의 어머니와 목자들은 예외일 수 있으나 그것도 아주 분명한 것은 아니다. 우리가 알 수 있는 것은, 예수님의 탄생 이야기를 듣고서 "아 그런 기적이 있었다니, 그분에 대해 더 자세히 알아봐야겠다"고 말한 사람은 아무도 없었다는 사실이다.

예수님께서 말씀하시는 것을 듣고, 그가 행하시는 것을 보고, 그를 알게 된 다음에야 비로소 사람들은 그분에 대해 질문을 던지기 시작했다. 한번은 예수님이 고향 회당에서 가르치실 때(마 13:54-58) 사람들은 그분이 하시는 말씀 내용과 그 권위에 놀란 나머지 자기들끼리 그분의 출신에 대해 이야기하면서 서로 묻기 시작했다. "아니, 이 사람은 목수의 아들이 아닌가? 그의 어머니는 마리아고, 그 형제 자매들도 우리가 다 알고 있지 않는가?"

대부분의 경우, 예수님의 출신에 관한 물음은 다만 사람들이 그분의 말씀에 감동을 받은 후에야 중요하게 여겨졌다. (때로는 예수님의 말씀에 화가 난 이들이 그를 불신하고 헐뜯기 위해 그분의 출신 문제를 거론하기도 했다.) **지금 우리는** 당연히 복음서를 앞에서부터 뒤로 읽어나간다. 그분의 탄생에서부터 시작해 마지막으로 그의 죽음과 부활 이야기를 읽는다. 그러나 처음 그를 알았던 사람들은 그 순서의 반대였다. 그들은 먼저 그분 자신과 그 말씀에서 무언가 비범한 것을 발견했고, 그런 다음에야 비로소 그분의 탄생에 대해 질문을 갖기 시작했던 것이다. 어떤 학자들은 마태복음과 누가복음에 기록된 탄생 이야기는 이 두 복음서의 발전과정에서 후대 신자들의 자연스런 호기심을 만족시켜주기 위한 목적으로 나중에 첨가되었다는 의견을 제시하기도 한다.

흥미롭게도 사도 바울은 예수님의 탄생에 대해서 별다른 언급이 없다. 추측하건대 바울이 그 상황에 대해 알고 있었고 또한 그것이 자신의 복음전도 사역에 도움이 된다고 생각했더라면, 분명 그는 그 사실에 대해서도 기록했을 것이다. 그러나 그는 아무런 언급도 하지 않는다. 때로는 말만큼 침묵에도 중요한 의미가 담겨 있기도 하다.

많은 면에서 우리 역시 초기 그리스도인들의 상황과 크게 다르지 않다. 마찬가지로, 우리에게도 예수님의 삶과 사역에 대해 무언가 듣고 안 다음에야 비로소 성탄의 의미가 중요해지기 시작한다. 그때에야 비로소 이런 질문을 던지게 되는 것이다. "그분은 어디서 오셨을까? 어떻게 우리에게 오셨을까? 그분은 목수 요셉의 아들이 아니었던가?"

예수님의 동정녀 탄생에 대해 한 가지 언급할 것이 있다.

신학자들이 동정녀 탄생을 옹호하는 것은, 그것이 예수님의 신성을 증명해서가 아니다. 그렇지 않다. 그분이 동정녀 마리아에게서 태어나셨기 때문에 오늘날 그리스도인들이 예수님을 임마누엘 "우리와 함께 계시는 하나님"으로 믿는 것은 아니다. 동정녀 탄생은 그분의 탄생이 의학적으로 예외적인 사건이었다는 것을 제외하고는 그 어떤 것도 증명해주지 못한다. 우리가 사도신경에서 "성령으로 잉태하사 동정녀 마리아에게 나시고"라고 고백하는 것은, 예수님이 하나님께로부터 우리에게 오셨고 우리 모두와 동일한 어머니에게서 태어나는 방법을 통해 이 세상에 오셨다는 사실을 상기하는 것이다. 예수께서 반은 하나님이고 반은 사람인 이상하고 신화적인 존재가 결코 아니라는 의미이다.

사람들이 예수님의 수태 방법에 관심을 갖게 된 오직 한 가지 이유는, 공생애 사역을 시작하신 그분에게서 무언가 비범한 것을 발견했기 때문이었다. 이처럼 예수님의 권위는 공생애 사역을 시작하면서 그분의 인격과 말씀과 행동에서 비롯된 것이지, 그분의 특별한 탄생이 그분에게 권위를 부여해준 것은 결코 아니었다.

내가 구태여 이런 이야기를 하는 이유는 무엇인가?

지금 나의 관심은 우리가 신앙을 갖게 되는 방식, 우리가 믿음을 갖게 되는 방식을 설명하려는 것이다. 우리가 예수님의 가르침을 믿는 것은, 그분의 탄생이 특별했기 때문이 아니다. 우리가 그분의 가르침을 믿는 것은, 그 가르침 자체가 참된 것이기 때문이다. 그 가르침 자체만으로도 우리의 관심과 믿음을 사로잡을 만한 충분한 가치가 있기 때문이다. 그분의 말씀을 들을 때 우리는 죄에 대한 찔림과 확신을 갖게 된다. 때로는 그분이 직접 우리에게 말씀하시는 것과 같은 경험을 하면서 우리 삶은 변화된다. 그때에야 비로소 우리는 말씀하시는 예수님, 바로 그분 자신에게 관심을 갖게 되는 것이다.

그때에야 비로소, 모든 시대의 신실한 그리스도인들이 그러했던 것처럼 우리도 이렇게 묻게 되는 것이다. "이분은 누구신가?" 그 질문에 대한 우리의 신앙고백은 이것이다. "이는 예수 그리스도, 성령으로 잉태하사 동정녀 마리아에게서 나신 분."

이런 일은 예수님의 생애 마지막 순간에도 일어났다. 예수님을 십자가에 못박은 로마 군인은 그분이 평범한 범죄자가 아니라는 사실을 깨닫고는, 이렇게 자신의 신앙을 고백한다. "참으로 이분은 하나님의 아들이었도다."

나는 성육신의 신비를 이해하는 데 도움이 되는 또 다른 한 가지를 이야기하고 싶다. 그것은, 그때나 지금이나 성탄절은 하나님과 인간들이 서로 정반대 방향의 길을 간다는 사실이다.

그분은 우리를 그분과 같은 존재로 만드시기 위해 우리와 같은 존재가 되셨습니다.

이레니우스(Irenaeus), 「이단 반박」(Against Heresies)

성탄절이 되면 사람들은 기분이 썩 내키지 않더라도 특별히 즐거워지고 싶은 마음에 옷을 잘 차려 입는다. 일년 동안 기다려온 날이기도 하다. 노래 가사처럼 우리는 "홀을 장식하고" "화사한 옷을 차려 입는다." 이날 만큼은 멋진 사람이 되려고 최선을 다한다. 성탄절 때만큼 집들이 아늑하고 근사해 보이는 적도 없는데, 내가 사는 휘튼 시도 마찬가지다. 교회에서 지루하다 싶을 정도로 긴 모임을 마치고 밤늦게 차를 몰아 휘튼 시내를 지나 집으로 가는 길을 나는 무척 좋아한다. 그 불빛과 장식들은 무언가 특별하고 멋진 시즌이 왔음을 알려준다. 그것들을 바라보면서 때로는 내 속에서 다시 희망이 솟는 것을 경험한 적도 있다.

그뿐 아니다. 성탄절 날 예배를 마치고 교회 현관에서 사람들과 인사를 나누는 것 역시 나는 무척 좋아한다. 누구나 자신의 서랍과 옷장 깊숙한 곳에 잘 간직해둔 옷을 꺼내 입고 교회로 온다. 한번은 캔디 지팡이 모양의 타이를 하고 걸을 때마다 소리가 나는 작은 녹색 벨이 달린 빨강 양말을 신은 어떤 남자와 악수한 적도 있다. 그는 파티장에 가는 사람처럼 보였다. 그가 그토록 쾌활한 사람인 줄은 전에는 몰랐다. 그날 그의 차림을 보면서, 성탄절을 정말로 축제의 날 정도로 여기는 분위기를 실감할 수 있었다.

그러나 주목해야 할 중요한 것이 있다. 성탄절의 우리 모습이나 기분과는 달리, 하나님은 완전히 다른 방향으로 나아가신다는 사실이다. 영적으로는, 우리가 무언가를 움켜쥐려고 손을 뻗치는 것과는 달리 하나님은 포기하시고 내어주시며 남루한 옷을 입으신 날이다. 성탄의 놀라운 아이러니가 아닐 수 없다. 신학자 메리 엘렌 애쉬크로프트(Mary Ellen Ashcroft)는 그것을 이렇게 묘사했다. "성탄절 준비를 위해 하나님은 옷을 벗으셨다." 그녀는 계속해서 말한다. "하나님은 자신의 아름다운 옷을 벗으셨다. 참으로 당혹스러울 만큼, 벌거벗은 모습으로 그날 태어나셨다. 하나님은 자신의 계급장을 뜯어내시고, 직함과 영예와 능력을 버리신 채 알몸으로 나타나셨다. '육신의 베일 속에 감추어진 하나님, 성육신하신 하나님을 찬미하라.'"

이것은 어떤 그리스도인에게는 성탄절에 대한 낯설고 새로운 시각일 수 있다. 그러나 성탄은 곤혹스러울 만큼 인간적인 방법으로 우리에게 오신 하나님에 대한 이야기다. 성탄절은 우주의 창조자께서 우리를 위해 아래로 내려오신 날이다. 그것을 위해 하나님이 얼마나 많은 것을 포기하셔야 했는지, 우리 가운데 한 인간이 되시기 위해 얼마나 먼 거리를 오셔야 했는지, 우리는 상상할 수도 없다.

골로새서에(1:15-20) 예수님의 높으신 지위를 일컫는 표현들이 있다. "보이지 않는 하나님의 형상" 같은 표현들은 고대 세계에서 왕들이 자신을 일컬을 때 쓰던 말이었다. 사도 바울은 그런 언어를 통해 예수님의 다른 점을 분명하게 부각시킨다. 그의 말은 이런 뜻이다. "우리 중 하나가 되시기 위해 하나님은 바로 그것을 포기하셨다."

고대 세계의 사람들—헬라인과 로마인들—에게 있어 신이 사람이 된다는 것은 말도 안되는 생각이었다. 그들의 사상에서 볼 때 그것은 터무니없는 생각이었고 그 같은 경우를 찾아볼 수도 없었다. 그들은 신과 인간은 서로 일정한 거리를 유지하며 사는 존재들로 이해했다. 고대인들에 따르면, 하늘 위에는 위대하고 크신 신이 존재하고 그 아래에는 보잘것없고 유한한 인간들이 살고 있을 뿐이었다.

만일 원하셨다면, 하나님은 무쇠 같은 사람, 절대 탄식하는 법이 없는 스토아 학파 같은 인간 안에 성육신할 수도 있으셨다. 그러나 너무도 겸손하신 그분은, 나사로의 무덤 앞에서 눈물 흘리고, 겟세마네 동산에서 피가 되도록 진땀을 흘린, 한 연약한 감수성의 인간 속에 성육신하기로 선택하셨다.
C. S. 루이스, 「C. S. 루이스의 편지」(*Letters of C. S. Lewis*)

어떤 면에서는 지금 우리의 생각 역시 그때 이후로 그다지 크게 변한 게 없을지도 모른다. 하나님이 엄마의 목소리와 그 품을 찾아 울며 보채는 젖먹이 한 아기의 모습으로 이 세상에 오셨다는 이야기는, 놀랍도록 우리를 당혹스럽게 만들지 않는가? 내 딸들이 태어나자마자 품에 안아보았던 그때의 경험을 나는 지금도 사랑하면서 소중히 여기지만, 바로 하나님께서 세상에 그런 모습으로—전적으로 무력하며 아무것도 모르는 상태로—오셨다고 생각하면 뭔가 편치 않는 느낌이다. 나에게는 그것이 아름다운 이야기면서 한편으로는 당혹스러운 이야기이기 때문이다.

복음서를 보면 마귀도 이런 당혹스러움을 알았다. 예수님이 광야에 계실 때 마귀는 그에게 다가가 높아질 수 있는 기회를 주겠노라고 속삭인다. 우리에게 익숙한 이 이야기는 세 가지 유혹이 있었지만 본질적인 주제는 하나이다. "예수, 네가 지금보다는 더 신(神)같이 되어야 하지 않겠어? 신처럼 보이며 그렇게 행동해야지. 그처럼 초라한 곳에서 태어난 것으로도 충분하잖아? 자, 지금보다 더 나은 자리에서 행동해봐. 여기, 모든 것을 바꿀 수 있는 기회가 있다."

예수님은 그 제안을 거절하셨다. 그분의 사명은 위대해지는 것이 아니라 작아지고 낮아지는 것이었다. 그분의 전략은 힘있는 위치에서 멋지게 행동하는 것이 아니라 약해지고 고통당하는 것이었다.

하나님은 이 세상의 모든 것, 그분의 창조세계를 본래 모습으로 회복시킬 수 있는 최선의 방법은, 결코 힘이 아니라 세상을 사랑하고 그 속에 있는 사람들을 사랑하는 것임을 잘 아셨다. 말로 사랑하는 것이 아니라 사랑을 보여주심으로써, 그 사랑이 실제가 되게 하심으로써, 그 사랑에 피와 살을 입히심으로써, 그것이 가능한 것임을 너무나 잘 아셨던 것이다.

예수님에 대한 전통적 기독교 교리를 보면 "낮아짐"(humiliation)과 "높아짐"(exaltation)이라는 표현이 의례적으로 등장한다. 이를테면 예수님의 탄생은 그분의 낮아짐의 시작이었다. 그러나 우리가 또 알아야 할 것은 그분의 탄생은 어떤 면에서는 **우리의** 높아짐의 시작이었다는 사실이다.

이것이 바로 내가 성육신이 우리를 위한 좋은 소식임을 믿는 이유이다. 성육신을 통해 인류 전체는—모든 추함과 한계에도 불구하고—높이 들림을 받았다. 성육신을 통해 하나님은 당신의 본래 의도—우리를 선하게 창조하셨다는, 또한 그렇게 될 수 있다는 사실—가 무엇인지 우리가 다시 한번 알도록 해주셨다. 삶 자체는 좋은 것일 수 있고, **본래** 좋은 것이다. 충만하고 진정한 삶을 사는 것이 가능하다. 삶은 우리가 피해야 할 무언가가 아니다. 삶은 선한 것이며, 예수님 자신이 온전하게 그 선한 시간들을 즐기셨던 것처럼 우리도 삶을 즐길 수 있어야 한다.

"육신이 되어 우리 가운데 사심"을 통해 예수님은 우리편이 되어주셨다. 사실 그분은 **하나님을** 우리편으로 만들어주신 것이다. 어느 신학자가 표현했듯이 "예수님 탄생으로, 이제 우리가 어떤 한 사람에게 잘못하면 그것은 바로 하나님께 잘못하는 것이 되었다." 성육신으로, 하나님은 자신이 누구의 편인지 너무나 분명하게 나타내셨다.

> 죽음 속으로 떨어진 우리를 보시고, 당신의 독생자를 보내어 우리를 구속하기로 결정하신 하나님, … 예수 그리스도의 영광스런 성육신을 고백하는 사람들로 하여금, 우리의 주님이신 그분을 통해, 그들의 구원자와 친교를 누리게 하소서.
>
> 성 암브로시우스(St. Ambrose)

인간을 향하신 하나님의 모든 뜻은 예수님 안에서 나타내셨다. 이것은 하나님께서 우리에게 이렇게 말씀하시는 것과 같다. "이 사람을 보라. 너희가 참되고 진정한 인간이 되고자 한다면, 세상에서 옳은 길을 가는 것이 어떤 것인지 알고자 한다면, 예수를 보라. 너희가 하나님이 어떤 분이시며 이 세상 속에서 어떤 일을 행하고 계시는지 알고자 한다면, 그때에도 예수를 보라. 이 한 사람 안에 그 모든 것이 다 있다."

이것이 바로 내가 성육신을 좋은 소식으로, 또한 두려운 소식으로 생각하는 이유이다. 기억하라. 하나님께서 옷을 벗으셨다면 우리도 그와 함께 동참해야 한다. 우리 역시 힘과 권력과 지배하려는 욕망들을 포기해야 한다. 우리는 그분을 닮아가야 한다. 우리 내면의 갈증, 이 책 처음에 언급한 그 갈증, 우리가 인정하는 것 이상으로 우리 삶의 강력한 동기가 되고 있는 그 **하나님**을 향한 갈증을 만족시키기 위해 우리는 많은 것들을 포기해야 한다. 그렇게 하는 것이야말로 우리를 만나시기 위해 말할 수 없이 먼 거리를 극복하신 하나님께 우리 자신을 여는 유일한 방법이다.

내가 이 책에서 설명한 모든 기본 교리들은 우리가 그 배후에 계신 하나님께 우리 자신을 열지 않는다면 아무런 의미가 없다. 그저 머리로만 생각하는 것에 머물고 만다. 성육신 교리 역시 그분을 우리 안에서 태어나시도록, 우리 내면에서 사시도록 하지 않는다면 그저 하나의 교리로 그치고 말뿐이다.

요한복음은 예수님을 "어둠 속에 비치는 빛"이라고 고백한다. 어둠은 그 빛을 이기지 못했다. 비록 세상이 그를 알지 못했고 그의 백성들도 그를 영접하지 않았지만. 그러나 그를 영접하는 모든 사람에게 그분은 하나님의 자녀가 되는 권세를 주셨다.

나는 이것이 바로 성탄의 의미라고 생각한다. 나는 다른 어떤 것보다도, 하나님의 자녀가 되기를 원한다. 아니, 나는 내가 늘 들어왔던 이 말을 믿기 원한다. 나는 **이미** 하나님의 자녀라는 사실을.

더 깊은 공부와 생각을 위한 질문들

- 신약성경은 예수님의 동정녀 탄생에 대해 비교적 침묵을 지킨다. 사도 바울은 갈라디아서 4:4에서 예수님이 "여자에게서 나셨다"고 언급했지만, 이외에는 별다른 언급을 하지 않고 있다. 예수님의 동정녀 탄생이 중요한 이유는 무엇인가?
- 예수님의 낮아지심은 어떤 의미에서 우리의 높아짐의 시작이 되는가?
- 예수님이 정말로 인간이 되셨다는 것이 왜 중요한가? 그저 사람처럼 보였던 것일 뿐이라면 어떤 문제가 생기는가?

참고 문헌

(본문에 인용된 책들 대부분을 실었으며, 덧붙여 "추천 도서들"도 포함시켰다.)

Allen, Diogenes. *The Reasonableness of Faith: A Philosophical Essays on the Grounds for Religious Belief.* Washington-Cleveland: Corpus Publications, 1968.

Bartow, Charles L. *God's Human Speech: A Practical Theology of Proclamation.* Grand Rapids: William B. Eerdmans, 1997.

Behe, Michael. *Darwin's Black Box: The Biochemical Challenge to Evolution.* New York: Free Press, 1996.

Berger, Peter L. *A Rumor of Angels: Modern Society and the Rediscovery of the Supernatural.* Garden City, N.Y.: Doubleday-Anchor, 1970. 「현대사회와 신」(기독교서회)

Bruner, Frederick Dale. *A Theology of the Holy Spirit: The Pentecostal Experiences and the New Testament Witness.* Grand Rapids: William B. Eerdmans, 1970. 「성령신학」(나눔사)

Buchanan, John M. *Being Church, Becoming Community.* Louisville: Westminster John Knox, 1996.

Callahan, Kennon. *Effective Church Leadership: Building on the Twelve Keys.* San Francisco: Harper & Row, 1990.

Calvin, John. *Institutes*. Grand Rapids: William B. Eerdmans, 1986. 「기독교강요」(생명 의 말씀사)

Coles, Robert. *The Spiritual Life of Children*. Boston: Houghton Mifflin, 1990.

Crossan, John Dominic. *Jesus: A Revolutionary Biography*. San Francisco: HarperSanFrancisco, 1994.

Dillard, Annie. *Pilgrim at Tinker Creek*. New York: Bantam Books, 1975.

Evans, C. Stephen. *Why Believe? Reason and Mystery as Pointer to God*. Grand Rapids: William B. Eerdmans, 1996.

Fackre, Gabriel. *The Doctrine of Revelation: A Narrative Interpretation*. Grand Rapids: William B., Eerdmans, 1997.

Feenstra, Ronald J., and Cornelius Plantinga Jr. *Trinity, Incarnation, and Atonement: Philosophical and Theological Essays*. Nortre Dame: University of Nortre Dame Press, 1989.

Gomes, Peters. *The Good Book: Reading the Bible with Mind and Heart*. New York: William Morrow, 1996.

Guthrie, Shirley C. *Christian Doctrine*. Louisville: Westminster John Know, 1994.

Hauerwas, Stanley, and William H. Willimon. *Resident Aliens: Life in the Christian Colony*. Nashville: Abingdon, 1990.

McCullough, Donald W. *The Trivialization of God: The Dangerous Illusion of a Manageable Deity*. Colorado Springs: NavPress, 1995. 「하찮아진 하나님」(기독교 서회)

Migliore, Daniel L. *Faith Seeking Understanding: An Introduction to Christian Theology*. Grand Rapids: William B, Eerdmans, 1991. 「기독교조직신학 개론」(장로교출판 사)

Peters, Ted. *God as Trinity*. Louisville: Westminster John Knox, 1993.

Peterson, Eugene. *Leap over a Wall: Earthy Spirituality for Everyday Christians*. San Fransico: HarperCollins, 1997. 「다윗: 현실에 뿌리박은 영성」(IVP)

-*Working the Angels: The Shape of Pastoral Integrity*. Grand Rapids: William B. Eerdmans, 1993.

Plantinga, Cornelius Jr. *Not the Way It's Supposed to Be: A Breviary of Sin*. Grand Rapids: William B. Eerdmans, 1996.

Purdy, John C. *God with a Human Face*. Louisville: Westminster John Knox, 1993.

Sayers, Dorothy. *Creed or Chaos?* Manchester, N.H.: Sophia Institute Press, 1996.
Torrance, Thomas F. *Preaching Christ Today: The Gospel and Scientific Thinking.* Grand Rapids: William B. Eerdmans, 1994.
Wainwright, Geoffrey. *For Our Salvation: Two Approaches to the Work of Christ.* Grand Rapids: William B. Eerdmans, 1997.
Willimon, William H. *The Service of God.* Nashville: Abingdon, 1979.